Gunhild Thalheim
Wenn Kleine groß rauskommen

Für meinen Enkel Julian Alexander Schwark in München

und für meine Freundin

Eloise Willerscheid in Kössen/Tirol

Gunhild Thalheim

Wenn Kleine groß rauskommen

Rediroma-Verlag

Bibliografische Information der Deutschen Nationalbibliothek:
Die Deutsche Nationalbibliothek verzeichnet diese Publikation in der Deutschen Nationalbibliografie; detaillierte bibliografische Daten sind im Internet über http://dnb.ddb.de abrufbar.

ISBN 978-3-96103-071-2

Umschlagillustration:
Christina Zelger (Cover)
Julia Schmiederer (Cover-Rückseite)

www.rediroma-verlag.de
8,95 Euro

Inhalt

1. Kapitel: Witze für Riesen

„Lasst mich los! Haut ab!“ Eluisa wehrt sich. Sie zappelt. Sie schlägt um sich. Die großen, derben Hände lassen nicht los.

„Hoho, du Wicht! Du entkommst uns nicht. Kannst toben, so viel du willst, Winzling!“

Die Riesenpranken heben Eluisa hoch. Höhnisch lachend werfen die Kerle sie hoch in die Luft. Immer wieder. Ihr wird schwindelig. „Nein! Neeeeiiin!“, schreit sie. „Ich hab euch nix getan.“

„Nee, hat sie wirklich nicht“, hört sie eine tiefe Stimme.

„Lassen wir sie frei?“, fragt eine andere, noch dunklere.

„Nee, nee! Nix einfach so freilassen“, brummt die erste. „Sie muss uns zum Lachen bringen.“

Eli wird auf die Erde gesetzt. Sie starrt in breite Gesichter über ihr. Mit dicken Nasen, zusammengekniffenen Augen unter buschigen Brauen.

„Was wollt ihr von mir, ihr Halbaffen?“, knurrt sie. Zum Platzen wütend ist sie.

„Nur was zum Lachen, Zwerg“, ist die Antwort. Eli ballt die Fäuste. Zum Lachen ist ihr kein bisschen. Eher danach, den fiesen Kerlen mitten in ihre frechen Riesengesichter zu spucken.

„He! Wird ´s bald, Winzling?“ Ein breiter Finger tippt sie an. Sie kugelt rückwärts und zappelt hilflos mit Armen und Beinen wie ein Maikäfer. Zähneknirschend rappelt sie sich auf. „Na dann, wenn ihr lachen wollt …“ Sie zieht ihre Mundwinkel mit den Zeigefingern auseinander, streckt die Zunge weit heraus, rollt wild mit den Augen. Dann versucht sie es mit ihren albernsten Grimassen.

„Haha! Nicht besonders witzig, Winzling“, brummen die Kerle verächtlich.

Nicht witzig? Ob die vielleicht einen Witz hören wollen? Eli kennt jede Menge Witze. Ihren Bruder bringt sie damit oft zum Lachen. Sie überlegt hektisch. Worüber lachen dämliche Riesenkerle?

Sie holt tief Luft. „Hört zu!“ Herausfordernd funkeln ihre großen grauen Augen die Quälgeister an.

„Treffen sich zwei Hunde am Laternenpfahl. `Ich zuerst´, sagt der mit den schneeweißen Löckchen. `Ich bin ein reinrassiger Königspudel von Adel. Mein Name ist BASCO VOM SCHLOSSPARK´. - `Na und? Ich bin auch von Adel´, antwortet der struppige Schwarz-Braune. `Meine Rasse wird DUGADO genannt.´

`Nie gehört´, wundert sich der vornehme Pudel. `Und wieso willst du von Adel sein?´

`Ganz einfach: Ich heiße RUNTER VOM SOFA und bin von der Rasse DURCHS GANZE DORF.“

Die Kerle kichern vergnügt. „Ganz gut für den Anfang, Kleene. Weiter!“

Wieder holt Eli tief Luft und muss kurz nachdenken. Ja, der könnte passen:

„Vicky und Laura joggen durch den Wald. Plötzlich quakt am Wegrand eine dicke, schleimige Kröte los: `Küss mich! Küss mich! Ich bin ein verzauberter Milliardär.´ Vicky geht in die Hocke, schaut die Kröte neugierig an, hebt sie hoch und schiebt sie ganz vorsichtig in ihre Tasche. `Warum küsst du ihn nicht?´, wundert sich Laura. - `Mensch, Laura!´

Vicky tippt sich an die Stirn. `Milliardäre gibt ´s doch wie Sand am Meer. Aber hast du schon mal ´ne sprechende Kröte gefunden?“

„Hihi! – Haha! – Hoho!“ Lautes Lachen. „Noch einen, Kleene!“, wird Eli aufgefordert.

„Na gut. Wenn ´s unbedingt sein muss. Aller guten Dinge sind drei.“ Diesmal überlegt sie länger. „Kennt ihr den schon? Apachenhäuptling Großer Adler reist mit seiner Squaw nach New York. Sie übernachten in einem feinen Hotel. Mitten in der Nacht weckt Großer Adler seine Frau.

`Großer Adler durstig. Hole Glas mit frischem Wasser!´ Die Frau geht, kommt gleich zurück, aber mit einem leeren Glas. `Großer Adler braucht Geduld. Auf Quelle sitzt Bleichgesicht.“

„Hahaha! - Hihihi! - Hohoho!“ Die Kerle halten sich die Bäuche vor Lachen. Eli springt auf, stemmt die Hände in die Hüften. „Das war ´s dann wohl!“

„Zugabe! Zugabe!“, brüllen die Kerle.

Eli seufzt. „Aber nur noch eine einzige.“ Sie denkt kurz nach. „Also … Sagt der Lehrer zu Max: `Wüsste dein armer Vater, wie stinkend faul sein Sohn ist, bekäme er auf der Stelle graue Haare´.

Max grinst: `Das würde ihn bestimmt tierisch freuen´. `Freuen?´ Der Lehrer hat sich wohl verhört?

`Allerdings´, sagt Max. `Mein Alter trägt nämlich ´ne Glatze´. – Genauso eine wie ihr Pappnasen!“, kichert Eli.

„So, das war ´s endgültig, Leute! Ciao!“

Eluisa will davonrennen, doch ihre Beine gehorchen ihr nicht. Sie fuchtelt mit den Armen, fühlt etwas Weiches, boxt fest darauf …

„Hallo, Mäuschen!“ Die Stimme kennt sie doch. Sie reißt die Augen auf. „Mama!“ Schluchzend kuschelt sie sich auf Mamas Schoß. „Diese Mistkäfer!“, schnieft sie.

„Hier sind keine Mistkäfer.“ Mama streichelt sie beruhigend. „Trotzdem wird es Zeit zum Aufstehen.“

FaRaH

2. Kapitel: Klein, aber sehr oho!

Die Hasenkinder rennen. Sie rennen um ihr Leben. Sie schlagen Haken, immer schneller.

Das Keuchen kommt näher und näher.

„Lauf, Pips! Schnell! Versteck dich!“ Fips versucht, den Fuchs abzulenken, bis er sein Brüderchen in Sicherheit weiß. Der Rotfuchs bellt heiser. Julius springt ihm in den Weg. Mit erhobenen Fäusten schreit er den spitzen Zähnen im schnappenden Fuchsrachen entgegen: „Hau ab, du Biest! Lass die Häschen in Ruhe!“ Zornig sprühen die weit aufgerissenen grauen Ritteraugen Blitze.

Mit einem drohenden Knurren bremst der Fuchs seinen Lauf. „Was willst du, Winzling? Schnapp mir ja nicht mein leckeres Abendessen vor der Nase weg, du frecher Zwerg!“

„Halt du deine freche Schnauze, Roter!“, brüllt Julius. Oh, er ist richtig wütend. Megawütend! Und wenn er wütend wird, legt man sich besser nicht mit ihm an. Dann wird aus dem kleinen, dünnen Julius ein großartiger, unerschrockener Ritter. Der Fuchs spürt das wohl. Die Rute einkneifen und davonschleichen scheint ihm das Beste zu sein.

„Lass dich nie mehr blicken, Roter!“ Die durchdringende Jungenstimme verfolgt ihn bis ins Unterholz. Ritter Julius schnauft erleichtert, holt zweimal tief Luft und lässt langsam die Fäuste sinken.

Das ist noch mal gut gegangen! Doch wo stecken seine kleinen Hoppelfreunde? Suchend dreht er sich im Kreis, hält die Hände schützend vor die Augen. Die Abendsonne steht schon tief über dem Hügel und blendet ihn. „Pips! Fiiips! Ihr könnt rauskommen!“, lockt Julius die beiden.

Zögernd hoppeln vier lange Wackelohren durchs hohe Gras. Julius hockt sich hin und streckt die rechte Hand aus. Schnuppernd kommt der schwarzbraune Fips auf ihn zu. „Danke! Danke, Ritter Julius! Du hast uns wieder gerettet. Der hungrige Rotfuchs hätte mich um ein Haar erwischt, wenn du nicht gewesen wärst."

„Null Problem, Fips." Julius lacht stolz. „Mach ich doch gerne für meine besten Freunde."

Auch der kleine Pips mit der schwarzen Nase und den dunklen Augenringen zu seinem schneeweißen Fell nähert sich zaghaft. Er zittert heftig nach solchem furchtbaren Schrecken. Zärtlich krault Julius samtweiche Öhrchen. „Wenn der Rote noch mal rotzfrech werden will, müsst ihr mich nur laut rufen, okay?" Die Kaninchenohren bewegen sich auf und ab. Die Schnurrhaare beben, die Näschen zucken.

Fips und Pips sind Wildkaninchen, haben sie ihm erklärt. Nein, nicht die großen Feldhasen. Die graben sich keine Höhlen tief hinein in den Waldboden. Trotzdem darf Julius \`meine Häschenfreunde´ zu den beiden sagen.

„Das klingt hübsch, Ritter Julius", meint Pips.

„Julius! Komm endlich!" Die energische Stimme passt nicht hierher auf seine Hasenwiese. Fest kneift Julius die Augen zusammen und zieht die Bettdecke bis zur Nasenspitze. Mit einem Ruck wird sie ihm weggezogen. „He, raus mit dir, alte Schnarchnase! Du musst in die Schule."

Au, das wirkt! Erschrocken reißt Julius die Augen auf. „Wie spät?", krächzt er. Weg sind Pips und Fips.

Vor der Tür hört er Eluisa rufen: „Gleich sieben. Beeil dich, Junge! Mama wird sonst stinksauer."

Nee, das muss nicht sein! Julius freut sich ja auf die Schule. Seit vier Wochen ist er endlich alt genug. Jeden

Morgen geht er voller Vorfreude mit der neuen bunten Schultasche los. Nebenan wohnt sein Freund Kalli, mit dem er allein den Weg um die drei Häuserecken machen darf bis zum Schulhof. Dort warten die anderen aus seiner Klasse mit fröhlichem Geschnatter. Julius ist der kleinste der Gruppe. Mit seiner großen Schultasche auf dem schmalen Rücken ist er kaum zu sehen.

Die langen Lümmel aus der Hauptschule rufen ihm zu: „Hallo, Kurzer! Der Kindergarten ist da drüben."

Julius streckt ihnen die Zunge weit raus. „Bäääh! Selber, ihr Schisser!", ruft er übermütig zurück.

„Hab ich ´nen Floh husten hören?" Der Längste pustet verächtlich in die Luft. „Verpisst euch, Winzlinge!"

Julius beißt die Zähne fest aufeinander. Diese Fiesmöpse! Kann er was dafür, wenn er so klein ist?

Kalli kichert: „Die sind noch grün hinter ´n Ohren, sagt meine Schwester."

„Grün? Jawoll! Grün wie ´n Frosch im Gras." Julius schaut zu Kalli auf. Der hat ´s gut! Einen ganzen Kopf größer ist er. So groß, wie man sein sollte, wenn man in die Schule kommt.

Der nette Doktor bei der Schuluntersuchung hat Julius Mut gemacht: „Na gut, mein Junge, recht klein bist du zwar für dein Alter, aber dafür hast du es großartig im Köpfchen. Wie sagt man so schön: Klein, aber oho! Sogar sehr oho, würde ich sagen. Lass die anderen ruhig auf dich heruntergucken, Julius. Denen wirst du Pfiffikus bald zeigen, wo ´s langgeht. Da bin ich ganz sicher."

Mama hat dazu gelächelt. „Ja, Herr Doktor. Ein helles Köpfchen ist unser Julius. Wir sind halt alle keine großen Leute. Seine ältere Schwester ist leider auch die allerkleinste in ihrer Klasse."

„Und bestimmt die allercleverste, oder?“ Geschmunzelt hat der Arzt und Julius einen extra schönen ersten Schultag gewünscht. Den hat Julius dann natürlich auch gehabt. Manno, war er stolz!

Jetzt ist er ein Schulkind und kann endlich alles richtig schreiben lernen. Und noch viel besser rechnen. Lesen kann er schon viele Wörter. Eluisa hat ihm die vorgeschrieben, und er hat sie schnell auswendig vorlesen können. Zählen kann er längst, sogar bis über Hundert. So weit schaffen das nur ein paar Kinder aus seiner Klasse. Nicht mal sein schlauer Freund Kalli.

Zwar ist Julius tatsächlich der Kleinste in seiner Klasse, aber einer der aktivsten, gescheitesten und flinksten. In den Sportstunden rennt er fast so fix über die Bahn wie der Noah und die Linn mit ihren langen Beinen. „Mensch, Kleiner!“, keucht Noah, als sie dicht hintereinander ins Ziel laufen.

„Respekt, Julius!“, lobt ihn der Sportlehrer und klopft ihm auf die Schulter.

Am Kletterbaum schafft Julius es mühelos bis hinauf in die obersten Äste. Wie ein Äffchen turnt er da oben herum. Mit blitzenden Augen schaut er hinunter zu Kalli.

„Hey! Super, Juli!“, schreit der zu ihm hoch.

Ja, Schule macht echt voll Laune, denkt Julius zufrieden.

Nach vier Wochen macht sie ihm nicht mehr so viel Laune. Warum kann er nicht größer sein? Als Kleinster muss er sich dauernd gegen die gemeinen Sprüche der Großen wehren: „Na, wie ist die Luft da unten, Mini? - Willste etwa immer so winzig bleiben? - Ham se dich vergessen beim Wachsen, du Krümel? Oder kriegste nix zu essen?“

Julius schießt zurück. Er beschimpft die blöden Sprücheklopfer mit allen rotzfrechen Ausdrücken, die ihm einfallen. Und das sind jede Menge. Nee, von denen lässt er sich doch nix sagen!

„He, Mini-Bübchen“, grinsen die Großen zu ihm herunter. „Willste ′ne Runde in der Luft zappeln?“

Der größte der Clique packt Julius an den Schultern und hebt ihn zu sich auf Augenhöhe. Da hilft auch kein noch so wütendes Strampeln, - bis sein rechter Fuß im Bauch des Angreifers landet.

„Aaaarg!“ Stöhnend lässt der den zappelnden Julius fallen und presst die Hände dahin, wo ′s weh tut.

Weich wie ein Kätzchen landet Julius auf allen Vieren, wieselt den Burschen hindurch zwischen den langen Beinen. „Das gibt Rache, Zwerg!“, hört er noch. Und Kalli, der ihm zubrüllt: „Nix wie weg, Juli!“

In der nächsten Pause lauern die Typen ihnen wieder auf. Aber nur dieses eine Mal versuchen sie das noch. Oh, Julius kann ganz schön fest zubeißen. Kratzen wie eine zornige Wildkatze. Die sollen sich nix einbilden, nur weil sie so langgeratene, voll bescheuerte Miststücke sind. Er lässt sich nicht einfach von denen verprügeln. Kalli verteidigt seinen kleinen Freund tapfer wie eine Löwenmutter, bis ein Lehrer auftaucht und die Großen zornig wegjagt.

Mama und Papa geben Julius jeden Morgen mit auf den Schulweg: „Sei bitte nicht zu wild, Junge. Das gibt leider unnötigen Ärger. Auch für uns, verstehst du?“

Mama ergänzt: „Du sollst Lesen und Schreiben lernen, mein Schatz. Dummheiten hebst du dir lieber für daheim auf. Denk bitte immer daran, lieber Julius!“

Ach, wie sehr der liebe Julius daran denkt! Leider kann er oft nicht anders. Wie soll er sich wehren gegen solche Hundsgemeinheiten? Mama muss schon bald zum Lehrer kommen und redet hinterher mit Julius. Sie macht dabei ihr bekümmertes Traurige-Mutter-Gesicht, Julius mal besser sein besonders zerknirschtes Trauriger-Sohn-Gesicht.

Oh, nein, er will seine Eltern und den freundlichen Lehrer nicht ärgern. Er will ja gerne `musterbrav´ sein, wie sie das nennen. Als ob das so einfach wäre! Das erklärt auch Eluisa den Eltern. Wie gut sie es kennt, wenn die Großen einen auf der Spott-Liste haben. Dabei ist sie schon bald zwölf und geht seit einem Jahr in die Hauptschule. Sie wird nicht mehr allzu viel wachsen. Das mussten sie und ihre Eltern bei einer Knochenmessung erfahren. Ungefähr einen Meter und einen halben wird sie groß werden. Auch für ein Mädchen ist das fast eine Zwergengröße.

„Hoffentlich werden es bei Julius eines Tages ein paar Zentimeter mehr“, sagt Papa. „Sonst tanzen ihm später seine lieben Arbeitskollegen auf der Nase herum.“

Oh, nein, das werden sie ganz bestimmt nicht tun, nimmt Julius sich felsenfest vor. Wenn er es schafft, den bösen Fuchs und den gierigen Raubvogel zu verjagen, wird später niemand es wagen, ihn zu ärgern und auf seiner Nasenspitze zu tanzen. Logisch wird ihm was Cleveres einfallen.

Wenn er irgendwann älter ist. Wenn er sich nicht länger von irgendwelchen dämlichen Kerlen in der Schule nerven lassen muss. Jede Nacht übt er auf der Häschenwiese und im dunklen Wald, ein starker, tapferer Ritter zu werden.

Seine Freunde Pips und Fips schauen ihm dabei zu und klatschen in ihre Pfötchen. „Ja, prima, Ritter Julius! Du bist der Größte!“, loben sie ihn. Voller Stolz reckt Ritter Julius sich hoch auf und winkt zu den Freunden hinunter. Zum Glück ist er kein kleines, mümmelndes Kaninchenkind und muss sich nicht dauernd fürchten vor dem hinterlistigen, ewig hungrigen Rotfuchs. Der Rote traut sich nur selten noch heraus aus seinem Fuchsbau. Ganz mager und traurig sieht er aus inzwischen, weil Ritter Julius ihm sein leckeres Abendessen niemals gönnt. Fast tut er Julius Leid, wenn sein Fuchsmagen vor Hunger laut knurrt. Am nächsten Morgen beim Frühstückskakao überlegt er sich, ob er dem armen, hungrigen Roten in der Nacht nicht einen Zipfel von der köstlich duftenden Salami-Wurst mitbringen soll. Hahaha! Als ob ein Fuchs im Traum echte Wurstzipfel fressen kann! Tja, Pech, du armer Roter! Musst dir halt was anderes zum Kauen suchen.

Nur Eluisa kennt die Häschenfreunde aus seinen Ritterträumen. Sie träumt auch ganz oft, verrät sie ihrem Bruder. Nein, nicht von kleinen putzigen Kaninchen und bösen Füchsen und so Babykram. Natürlich nicht mehr! Mit fast zwölf Jahren!

Komisch, von was man dann träumt, wundert sich Julius. Ob er auch solchen albernen Quatsch daher träumt, wenn er eines Tages in die Hauptschule geht?

In der nächsten Nacht erwarten seine Freunde ihn ängstlich im tiefen Schatten einer dicken Fichte.

„Der Habicht ...,“ wispert Fips ihm ins Ohr und streckt die rechte Pfote in die Höhe.

„Er ist schon stundenlang hinter uns her“, jammert Pips verzweifelt. „Wir haben grässliche Angst.“

„Der soll ruhig kommen.“ Mit blitzenden Zornesaugen greift Ritter Julius nach seinem Flitzebogen und legt einen spitzen Pfeil in die Sehne. „Den jage ich ihm zwischen die Flügel“, verspricht er den zitternden Häschen.

„Dann kommt er nie wieder?“ Bittend schaut Pips zu ihm auf, mit furchtsam zuckendem Näschen.

„Was denkst du denn?“ Julius lässt seine Augen gefährlich rollen. „Der traut sich nie mehr, wetten?“

Er späht vorsichtig durch die tiefhängenden, dichten Zweige. „Psst! Er kommt“, flüstert Fips.

Ein deutliches Flügelrauschen über ihnen. Lautes, heiseres Krächzen. Der Habicht ist in der Baumkrone gelandet und stößt seine unheimlichen Jagdrufe aus.

„Verschwinde, Räuber der Lüfte!“ Julius brüllt mit seiner schrillsten Ritterstimme. „Verschwinde auf ewig aus diesem Hasenwald!“

Wildes Flügelschlagen und das raue Krächzen lassen die Kaninchen erschrocken zusammenzucken.

„Er kommt! Hilfe!“, wimmert Pips kaum hörbar.

„Das werden wir mal sehen!“ Der kühne Ritter Julius macht sich selber Mut. Fest spannen zehn gelenkige Finger den Flitzebogen. Zischend steigt der Pfeil senkrecht in die Höhe, verschwindet im Dunkelgrün der Fichtennadeln.

Zeternd steigt der Habicht in die Luft, kreist ein paarmal über der Fichte, entfernt sich langsam am Nachthimmel. „Vor dem haben wir mal Ruhe, Freunde.“ Aufatmend lässt Julius seinen Bogen sinken. „Ruft mich sofort, falls dieser aufdringliche, gemeine Bursche sich noch ein einziges Mal hierher wagt.“

Ja, mit dem mutigen Ritter Julius ist nicht zu spaßen! Das sollten sich sämtliche Tiere in diesem großen Hasenwald gut merken, die Appetit auf wehrlose Kaninchen bekommen wollen.

Noch auf dem Weg zur Schule grinst Julius glücklich beim Gedanken, wie er es dem verfressenen Habicht gezeigt hat. Oh, das hätte Kalli sehen müssen! Soll Julius es erzählen? Ein anderes Mal vielleicht? Keine Ahnung, ob Kalli ihm das alles glauben würde. Nein, bis jetzt kennt nur Eluisa seine nächtlichen Ritterabenteuer. Und das soll vorläufig auch mal hübsch so bleiben. Wer weiß, ob Kalli ihn sonst noch so mutig in Schutz nimmt, sobald Größere zu seinem kleinen Freund eklig werden. Er denkt womöglich, dieser tapfere Ritter Julius kann sich am hellen Tag ebenso klug wehren wie spätnachts im finsteren Hasenwald? Ganz allein, ohne Kallis Hilfe. Oh, wie gerne würde Julius ihm das beweisen!

Die Tänzer
Die Tänzer
0100

3. Kapitel: Kleine Eli - große Träume

Alle stehen im Kreis um Eli herum, gucken dämlich auf sie herunter mit ihren saublöden Sprüchen.

„He, Stöpsel, wie ist die Luft da unten?“ Spöttisches Grinsen auf den Gesichtern.

„Wo haste denn heute deine Zipfelmütze, Gartenzwerg?“ Gackerndes Hohngelächter.

„Mini-Mäuschen, wehr´ dich mal!“ Albernes Gekicher. Zickengetuschel.

Oh, brennend gerne möchte Eli ihren Quälgeistern mitten in die fiesen Gesichter schreien. Ihnen ihre Wut entgegen schleudern. Sie steht wie ein Gipsengel, kriegt keinen Ton heraus. Nur ihre unnatürlich großen grauen Augen sprühen wilde Funken. Zauber-Funken? Denn wie auf Kommando wachsen die Fieslinge in die Höhe, schnell wie im Zeitraffer. Werden zu Riesen mit widerlich verzerrten Fratzen. `Peng! Peng!´ macht es. Und wieder `Peng! Peng!´ Und wieder und wieder. Bis alle Fratzen zerplatzt sind und dünne Rauchfähnchen aufsteigen. Mutterseelenallein steht Eli da. Wie unheimlich ist ihr die plötzliche Stille.

Hohe schwarze Häuserwände ragen steil vor ihr auf. Weg hier, Eli! Nix wie weg! Sie kann noch immer keinen Muskel bewegen, ihre Schuhe kleben am Asphalt fest. In Panik zieht sie die Luft ein, keucht verzweifelt, schlägt hilflos um sich. Wird kleiner, immer kleiner. Ist bloß noch ameisengroß … Tränen laufen über ihre bebenden Nasenflügel. „Ich hasse mein beschissenes Leben!“, schluchzt sie in ihr Kopfkissen.

„Hast du gerufen, Mausi?“ Mama steckt den Kopf zur Tür herein.

Eli reibt sich die Augen. „Nee“, schnupft sie erleichtert. Was für ein elender Traum! Kann sie nicht mal was Nettes träumen? Von süßen Häschen, wie ihr Bruder? Oder von coolen Typen, die sie toll finden, so klein wie sie ist, statt sie von oben herab zu verspotten? Typen, die mit ihr um die Wette schwimmen. Denen sie zeigt, dass sie tauchen kann wie ein junger Seehund.

Nachher muss sie Julius unbedingt von ihrem dämlichen Traum erzählen. Mit ihm kann sie darüber reden. Er versteht Elis Problem, obwohl er gerade mal halb so alt ist wie sie. Noch genau zwei Monate bis zu ihrem Geburtstag. Ihren größten heimlichen Wunsch können ihre Eltern aber niemals erfüllen. Für Wachsen sind sie nicht zuständig. Niemand, nicht mal die tüchtige Ärztin, kann Eli helfen beim Größerwerden. Das soll an Elis Knochen liegen, fällt ihr wieder ein. Damals konnte sie sich nicht vorstellen, wie groß man ist mit 1,50 m. Jetzt weiß sie es ziemlich genau. An der Wand vom Julius-Zimmer hängt die Messlatte. Alle paar Monate müssen sie und Julius antreten zum Striche machen. Eli ist längst bei 1,45 m angekommen. Deutlich höher werden ihre Striche also niemals werden. Damit muss sie sich wohl oder übel abfinden. Wenn bloß Julius sie eines Tages überholt! Als Junge und als Mann so ein Zwerg! Bitte nicht! In der Hauptschule hätte er da nix zu lachen. Das hat Eli halt auch nicht. Im Gegenteil. Der bescheuerte Traum steht deutlich vor ihr. Was sagt Opa oft, um sie zu trösten?

„Mach dir nichts aus blöden Sprüchen, Lütte. Besser, du hast Großes im Kopf statt bloß diese langen, spindeldürren Giraffenbeine wie die mageren Gänse in deiner Schule.“

Eli grinst. Opa hat gut reden. Er war auch immer der Kleinste, ist irgendwann prima damit zurechtgekommen.

Als tüchtiger und überall beliebter Oberarzt in der großen Klinik durfte ihm keiner mehr was vormachen. Alle hat er sie in die Tasche gesteckt, die langen Schnösel, erzählt er augenzwinkernd. „Eure Mutter war immer unser `Kleines´. Ein tolles Früchtchen, sag ich euch. Die hat sich mit ihrem frechen, gewitzten Mundwerk überall durchgesetzt. Gegen die vielen Dummschwätzer. Klein, aber dafür so was von oho! Na, das wisst ihr ja selber genau, meine süßen Lütten."

Oh ja, Eluisa und Julius sind total stolz auf ihren genialen Opa. Auf ihre klugen Eltern natürlich erst recht. Wenn Eli besonders traurig ist, findet sie daheim immer jemanden, der ihr Mut macht. Außer ihren vielen spannenden Büchern, zu denen sie sich meistens flüchtet. Die sie oft ablenken von ihrem Kummer. Eigentlich ist sie längst nicht mehr richtig traurig. Aber manchmal wütend. Stinkwütend über solche Ungerechtigkeit. Kann Tessa ihr nicht ein paar Zentimeter abgeben, wenn sie über ihre zu langen Beine und Riesenfüße jammert? Sie braucht längst Schuhe in Damengröße. Eli muss sicher noch in der Kinderabteilung einkaufen, wenn sie ihren Führerschein macht, und darf ewig auf Kinderkarte ins Kino gehen.

„Guck doch in den Spiegel, Mausi", sagt Mama, als Eli mal wieder bis zum Platzen geladen aus der Schule kommt. Der schlaksige Collin hat eine Comiczeichnung an die Tafel gezaubert: Ein lustiger Gartenzwerg mit Laterne und Schürze. Darauf drei Buchstaben: ELI. Collins Comiczeichnungen sind spitze. Die anderen haben auf den Tischen gelegen vor Lachen, bis der Mathelehrer hereinkam.

Nur Elis Freundin Tessa hat nicht gelacht. Sie ist auf Collin zugegangen und hat ihm ganz lässig eine geklatscht. Mitten in sein grinsendes Gesicht.

„Beknackter Klugschisser!“, hat sie ihn angezischt. „Guck dich mal an, langer Vollpfosten!“

Genau da stand der Lehrer Bender vor ihr. „Ja, spinnt ihr jetzt total?“, hat er wissen wollen und kopfschüttelnd von Tessa zu Collin geschaut. Da ist der Merlin nach vorne gegangen. Er, der Klassensprecher, hat als einziger Junge den ELI-Zwerg auch nicht lustig gefunden. Er hat Tessa in Schutz genommen und dem Lehrer das Comicbild gezeigt. Danach gab es Mathe mit Verspätung, weil der Herr Bender zuerst eine Diskussion wollte. Thema: MOBBING. Denn was anderes ist so eine Zeichnung in seinen Augen nicht. `Plump und taktlos´ hat er dazu gesagt und dabei den Collin erst geringschätzig-kopfschüttelnd, dann mit seinem nachdenklich-bekümmerten Lehrer-Bender-Blick angesehen.

Eli hat völlig geknickt und still dagesessen und an ihrer Wut gekaut. Am Ende der Diskussion ist sie aufgestanden, ganz langsam, hat sich aufgerichtet zu ihrer vollen Eli-Größe, dem Collin ihren alles vernichtenden Eluisa-Blick zugeworfen. „Danke, Herr Bender und Tessa und Merlin. War echt nett von euch.“

Sie hat ihr Matheheft ausgepackt, als wäre die Suppe damit für sie gegessen. Ist sie aber nicht! Collin und auch seine bescheuerten `Anhänger´ sind für sie gestorben. Auf immer und ewig! Sie blinzelt hinüber zu Merlin. Der zwinkert ihr zu, mit dem Daumenzeichen. Upps! Nicht rot anlaufen, Eli! Zurückzwinkern geht nicht. Dazu pumpert ihr Herz zu wild. Hätte sie geahnt, wie Merlin auf ihrer Seite steht? Okay, die Tessa hat schon seit der ersten Klasse zu ihr gehalten. Das ist was anderes. Aber Merlin? Ausgerechnet der smarte Merlin, der megacoolste Typ aus der Klasse, - überhaupt aus der Schule! Alle Mädchen stehen total auf ihn. Sie rollen oder verdrehen die Augen, sobald er auftaucht. Er übersieht die schmachtenden Blicke einfach. Total lässig reagiert er auf jede Anmache und lässt nicht mal die megasuperschöne Victoria mit ihren Model-Maßen landen.

Zu Hause ist nur noch halb Platz in Elis Herzen für ihre Stinkwut. Die zweite Hälfte pocht: „Mer-lin, Mer-lin …“ Sie betrachtet sich kritisch im Spiegel, lächelt ihrer Mutter zweifelnd zu.

„Hab ich ´nen Pickel auf der Nase?“ Sie dreht sich dreimal kritisch im Kreis.

„Klar! Eine riesige Hexenwarze sitzt mitten auf deiner Kartoffelnase“, grinst Mama. „Glubschige Froschaugen, weit abstehende Segelohren, feuerrote Haare und Millionen von winzigen Sommersprossen.“

Sie kichern um die Wette. Eli weiß, wie hübsch ihr Gesicht ist. Opa sagt ihr das oft und schmunzelt dabei zufrieden. „Ich habe die schönsten und besten Enkelkinder von allen Opapas im Universum.“ Er beklopft seine Opa-Brust und streicht seinen Bart. „Kein Wunder, was, Lütte? Bei diesem phänomenalen Großvater!“

Er ist auch der einzige Mensch im Universum, der zu Eli und Julius respektlos `meine Lütten´ sagen darf. Bei ihm klingt das liebevoll und mächtig stolz. Da kann Eli es akzeptieren. Und Mamas `Mausi´ wird sie garantiert noch sein, wenn die Mama irgendwann alt und grau ist.

4. Kapitel: Eine Ritter-Julius-List

Schon von weitem klingt das wütende Hundegebell. Mit großen, energischen Schritten stapfen die schweren Ritterstiefel über den schaumgummiweichen Waldboden. Kein Laut kommt aus der Kaninchenhöhle. Julius spitzt die Ohren und schaltet seine Ritterantennen auf Empfang. Oh weh! Da ist was faul! Das klingt nach Ärger! Fips und Pips müssen sich verkrochen haben. Machen sie sich tief unten in ihrem Bau vor Angst in die Karnickelhöschen? Das Gebell scheint genau hierher zu kommen. Aus der Ferne tönt eine schrille Hundepfeife ihren nervigen Jagdton. Julius dreht sich im Kreis. Wo soll er sich verstecken, damit die Hunde ihn nicht sofort wittern? Ja, dort drüben unter die tief hängenden Zweige kriecht er. Da hat er alles im Blick. In seinem Ritter-Visier natürlich.

Keine Sekunde zu früh! Aufgeregtes Hecheln nähert sich. Zwei Jagdhunde, die Nasen auf dem feuchten Boden, schnüffeln gierig heran. Der größere schiebt die Schnauze tief in den Eingang zur Höhle. Hektisches Jaulen. Winseln. Eifriges Kratzen mit vier breiten Pfoten.

Halt, ihr Burschen! So nicht! Nicht mit Ritter Julius! Zwei kurze Pfiffe durch die breite Zahnlücke lassen vier Hundeohren spitzen. Geduckt kriecht Julius unter den grünen Zweigen hervor, diesmal ohne seine Waffen. Hier wäre ein fairer Kampf zwecklos. Diesmal ist Mut angesagt. Und Klugheit! Er muss es schaffen, diese Bestien zu überlisten. Ob sie sich austricksen lassen?

Knurrend drehen sie die dunkelbraunen Köpfe hin zu dem Störenfried, der kaum größer ist als sie selber. Nein, deutlich größer ist der zwar nicht, aber mutig und clever. Und wie! Und er versteht die Hundesprache!

„Was willst du hier, Zwerg?“, ist für Julius kein Grund, Furcht vor den gefletschten Zähnen zu zeigen.

„Ein Ritter darf keine Furcht kennen, ihr Hunde“, betont er laut. Klingt das mutig?

„Ritter? Willst du uns auf den Arm nehmen, Winzling?“, knurrt der kleinere Hund verächtlich.

„Oh, durchaus nicht, meine Herren.“ Julius verbeugt sich, so tief es seine steife Rüstung zulässt. „Nichts ist mir ferner. Im Gegenteil! Helfen ist mein Ansinnen.“

„Ha, Wicht! Was kannst du uns helfen? Bist du etwa unser Herrchen?“

„Durchaus nicht.“ Wieder deutet der Ritter eine höfliche Verbeugung an. „Vermutlich seid ihr auf der Jagd?“

„Wo denn sonst?“ Die gelblich-braunen Hundeaugen rollen drohend.

„Da sucht ihr die vielen Bewohner in diesem verlassenen Kaninchenbau vergeblich, meine verehrten Herren Jagdhunde.“ Noch eine möglichst tiefe Verbeugung.

„Unsinn! Sie verstecken sich da drinnen. Wir haben doch Jägernasen.“ Böse knurren beide Hunde in die Luft.

„Jaja, ganz richtig. Sie haben sich dort versteckt. Bis vor wenigen Minuten. Doch sobald sie euch kommen hörten, ihr wilden Jäger, sind sie auf und davon. In dieser Richtung. Sie wollen versuchen, die Insel drüben, mitten im Waldsee, zu erreichen“, sagt Julius todernst. Er zeigt aufgeregt hinüber ins Dickicht.

„Wie bitte? Was erzählst du Ritter für Lügenmärchen?“ Verblüfft starren die vier schmalen Augen Julius an. „Seit wann können Karnickel übers Wasser laufen?“

Julius atmet langsam und tief ein. Jetzt kommt es darauf an! „Es handelt sich hier um eine sehr seltene Sorte von ganz besonders geschickten Hasen. Ihre große Familie lebt seit langem auf dieser Insel. Alle haben längst das Schwimmen gelernt. Wasserhasen nennen sie sich." Julius verschluckt sich fast, um nicht laut herauszulachen.

„Schwöre, du sagst die Wahrheit, Knirps! Sonst müssten wir dich samt deiner prächtigen Rüstung zerfleischen, bis kein einziger Knochen von dir übrig ist. Verstanden?"

„Zu welchem Zweck sollte ich euch auf eine falsche Fährte führen!" Noch eine tiefe Verbeugung, damit die Hunde das listige, breite Julius-Grinsen nicht bemerken. „Ihr müsst euch beeilen, meine Herren. Heute feiern die Kaninchen ihr weithin berühmtes Vollmondfest auf der Insel."

„Sollen wir, Oskar?" Der Größere peilt argwöhnisch herüber zu Julius.

„Warum nicht? Eine ganze Sippe lohnt sich mehr als ein paar mickrige junge Langohren. Die werden sich wundern, wie schnell wir beide schwimmen können."

„Los! Auf geht´s, Ferdi! Danke, lieber Ritter Julius, für deine guten Ratschläge." Eilige Sprünge und fliegende Schlappohren. Die aufgeregt hechelnden Jagdhunde tauchen ins dichte Unterholz. Vergeblich tönt der durchdringende Ton der Jägerpfeife hinter ihnen her.

„Jetzt aber flott! Wir müssen verschwinden. Kommt raus, Fips und Pips! Macht fix!"

Zuerst rührt sich nichts in der Höhle. Julius muss die Angsthäschen drei Mal locken, bevor sie sich herauswagen. Misstrauisch wittern sie zum finsteren Wald hin. Sie haben unten im Dunkeln jedes Wort verstanden mit ihren empfindlichen Lauschern. Trotzdem! Können sie glauben, wie dumm diese Jägerhunde auf eine simple Ritter-Julius-List hereingefallen sein sollen?

„Hier dürfen wir nicht bleiben. Die albernen Burschen sind sicher bald zurück. Ganz so blöd können sie nicht sein“, drängt Julius unruhig.

„Wo sollen wir hin?“, wimmert der kleine Pips. - „Ja, sie werden unsere Spur verfolgen“, vermutet Fips mit großen, erschrockenen Augen.

„Nur bis zum Bach. Dort verlieren sie unsere Fährte“, gibt Julius sich selbstbewusster als er sich fühlt. „Wir dürfen keine kostbare Zeit verlieren! Von dort ist es nicht mehr weit bis zu uns nach Hause.“

„Du nimmst uns mit zu euch Menschen? In deine Ritterburg?“ Mit weit aufgerissenen Augen und nervös zuckenden Näschen machen die Kleinen vor Julius Männchen. „Das ist zu gefährlich für junge Kaninchen, Ritter Julius.“

„Blödsinn! Viel gefährlicher ist es hier! Macht fix, ihr Angsthäschen!“ Er packt mit jeder Hand ein Langohr und zieht Fips und Pips hinter sich her. Kleinlaut hoppeln die beiden neben ihm durch den stillen Wald. Oh nein, von den bösen Jagdhunden wollen sie nicht gefressen werden. Ihr treuer Freund Julius wird sie in Sicherheit bringen. Er hat ihnen schon oft geholfen, und sie vertrauen ihm von ganzem Häschenherzen.

Etwas streicht Julius sacht übers Haar. Ein tiefhängender Ast? Er zieht den Kopf ein. Die vertraute Stimme tönt in sein Ohr: „Willst du womöglich bis zum Mittagessen weiterschlafen, Julius?“

Schwer kommt Ritter Julius zurück in sein Zimmer. Die Augen wollen nicht aufgehen nach der aufregenden Nacht. „Fips! Pips! Bleibt hier!“, grunzt er. Wollten sie lieber doch nicht mit ihm gehen zu den Menschen?

Ob er sie in der nächsten Nacht wiedertreffen wird? Nur das Fränzchen, seinen grauen Kuschelhasen, entdeckt er vor seinem Bett. Schnell holt er ihn zu sich hoch auf sein Kissen.

5. Kapitel: Ein schöner, schlimmer Traum

Als Eli gerade einschlafen will, spürt sie einen Hauch am Ohr. „Eli, bist du wach?“, flüstert eine weiche, gut bekannte Stimme. „Nee, ich schlafe. Lass mich in Ruhe! Bitte, Juli!“, brummelt sie und zieht die Decke übers Ohr. Ihre Augen sind schwer wie Blei. Sie kneift beide fest zu.

„Nicht Juli.“ Durch ihre Bettdecke hört sie die Stimme. „Ich bin ´s.“ - „Wer ist *ich*?“, murmelt sie und blinzelt mit einem Auge ins Halbdunkel.

„Ich. Dein Merlin, meine liebe kleine Eli.“

Mit einem Ruck setzt Eli sich auf. Ungläubig starrt sie auf den großen Schatten neben ihrem Bett.

„Nee!“, sagt sie nur. Denn das kann unmöglich stimmen. „Lass den Quatsch, Julius!“, knurrt sie ärgerlich.

„Ich bin kein Quatsch, Eluisa. Und ich will dich fragen, ob du Lust hast, mit mir zu kommen.“

„Iich? Mit diiir? Wohin?“ Unsicher wuselt Eli sich durch die schlafverstrubbelten Haare.

„Mein Freund, der Anton, schmeißt ´ne Fete. Bei sich im Garten. Zu seinem Geburtstag. Komm, steh auf! Ich warte unten auf dich.“

„He, Merlin! Ich kann doch nicht einfach … Muss meine Eltern fragen …“, stottert Eli.

„Du hast keine Lust, stimmt ´s?“ Enttäuscht schaut der Junge sie an. Plötzlich ist Eli quietschmunter. „Logo hab ich Lust“, schnauft sie. „Warte, ich geh schnell runter fragen.“

„Hab ich schon geklärt. Du darfst. Und jetzt mach hin!“, drängt Merlin. Er macht das Fenster weit auf, schwingt sich aufs Fensterbrett und klettert hinaus in den dunklen Garten.

So hektisch ist Eli noch nie in ihren neuen Minirock und das Glitzer-T-Shirt geschlüpft. Rein in die Turnschuhe.

Mit allen zehn Fingern aus den Strubbelhaaren eine fast `normale´ Frisur zaubern. Ein Sprung hinter Merlin her. Wie im Taumel scheint sie neben ihm durch den Garten zu schweben. Wie ein Äffchen hockt sie vor ihm auf dem Fahrrad. Schnell sind sie bei dem erleuchteten Schrebergarten. Es wimmelt von Jungen und Mädchen, die mitten auf dem Rasen tanzen. Eng umschlungen. Zu Elis Lieblingsmusik. Sie fühlt Merlins Muskeln, schmiegt sich an ihn, - ist plötzlich genauso groß wie er! Dicht vor ihrem Gesicht funkeln seine großen, sehr dunklen Augen.

„Du siehst toll aus, Eluisa", flüstert er in ihr rechtes Ohr. Sie spürt seinen Atem auf ihrer heißen Stirn. ´Oh, Merlin, mein liebster Merlin´, möchte sie singen.

„Hallo! Verschwinde, Kleine!" Jemand zerrt an ihrer Schulter. „Merlin gehört mir! Verdufte, Gartenzwerg!"

Eli starrt in zwei riesige glänzende Augen, die sie bösartig anblitzen. Diese Augen kennt sie doch!

„Vicky!", stammelt sie und lässt Merlin los. „Ich wusste nicht, dass du ..., dass ihr …"

Sie stottert verzweifelt und hat nur den einen Gedanken: Flucht! Nichts wie weg hier! Im Gewühl prallt sie gegen die Tanzenden, wird hin und her geschubst. „Lasst mich raus!", schreit sie, schlägt um sich. Jemand packt ihre Hände …

„Kind! Mausi! Was ist los?" Das ist ja Mamas Stimme …

„Oh, Mama! Hol mich hier raus! Schnell! Bitte, Mama!" Vor Tränen kann sie nur undeutlich schniefen.

„Wo, um Himmels willen, soll ich dich rausholen, meine arme Kleine?" Mama zieht Eli an sich.

Die braucht eine Weile, um ihn abzuschütteln, diesen so schönen, so schlimmen Traum. Stockend berichtet sie. Mama hält sie ganz fest. „Ist ja alles gut, meine Süße. Solche Träume kenne ich. Jetzt trinkst du eine warme Honigmilch und schläfst weiter wie mein Eli-Murmeltierchen."

Das tut Eli dann auch. Ohne schlimme Victoria-Träume. Aber leider auch ohne schöne Merlin-Träume.

Dieser Traum ist der erste, von dem sie lieber der Tessa erzählt, statt dem Julius. Für solche Mädchenträume ist eher die beste Freundin zuständig. Kein noch so neugieriger kleiner Bruder. Tessa versteht sie genau.

Solchen Quatsch träumt sie auch öfter, grinst sie. Bloß keine vom schnuckeligen, umschwärmten Merlin. Tessa steht mehr auf Haudegen, die mit ihr auf feurigen Pferden reiten oder sie auf ihrem Motorrad mitnehmen. Merlin ist ihr nicht temperamentvoll genug. Upps, das ist Eli noch gar nicht aufgefallen. Temperament hat sie selber genug. Ihr ist ein ruhiger, besonnener Typ lieber. Kein dämlicher Macho. Einer so zuverlässig wie Merlin halt, der ihr zuhört. Nein, genau dieser eine Merlin eben! Der auch ihre Hobbys mag.

Sie zählt auf: „Schwimmen zum Beispiel, Skifahren und Eislaufen. Und besonders Singen und Tanzen."

Tessa lacht: „Weiß er das, Eli?"

„Nee, bloß nicht", kichert Eli und spürt, wie sie langsam rot anläuft. „Für den bin ich zwei Nummern zu winzig."

„Aha! Soso!" Tessa nickt nachsichtig lächelnd vor sich hin.

„Nix aha! Das ist so. Der steht nur auf Große. Mit langen Beinen. Wie Vickys oder Vanessas. Jede Wette." Eli seufzt tief. Und gleich noch einmal. Abgrundtieftraurig. Fühlt sich wie hohl und völlig überflüssig.

„Kannst ihn ja mal fragen", schlägt Tessa vor.

„Haha!“ Eli tippt sich an die Stirn. „Und überhaupt bin ich für einen Freund noch viel zu jung und unreif.“

„Aha! Soso!“ Tessa schaut plötzlich fast erwachsen aus.

„Nix aha und soso! So ′nen Winzling wie mich will doch eh keiner.“ He, Eli, jetzt bloß nicht heulen. Bist doch keins von diesen Weicheiern!

Zum Glück hat ein so schöner, sanfter Wunsch-Merlin wohl kaum die geringste Ahnung von ihren Eli-Träumen.

Und Tessa wird ihm nichts verraten. Ehrensache!

Genaugenommen schade! Eli würde wahnsinnig gerne zu einer Gartenfete gehen, wo getanzt wird. Tanzen ist so was von cool! In ihrem Zimmer hüpft sie oft stundenlang herum und verrenkt sich. Wenn Tessa dabei ist, macht das noch mehr Laune. Dann rocken sie so richtig ab!

„Wenn ich dreizehn bin, darf ich in die Disco“, schwärmt Tessa mit sehnsüchtig verdrehten Augen.

„Äh, ja, ich vielleicht auch“, murmelt Eli. Was soll sie in ′ner Disco? Da wird sie gar nicht rein gelassen, weil jeder sie höchstens für eine Viertklässlerin hält.

„Was heißt hier *vielleicht?“,* meint Tessa. „Du hast voll den Rhythmus im Blut, Eli. Wir haben jede Menge Megaspaß zusammen. Und lernen tolle Leute kennen.“ Tessa sprüht vor Begeisterung.

„Du bestimmt“, nuschelt Eli in sich hinein und schaut die Freundin bewundernd an.

„Und genau du auch, meine Süße!“, bestimmt Tessa. „Jetzt nix wie heim! Träum was Schönes, Eli!“

„Vom Merlin?“, kichert Eli.

„Nee, lieber nicht schon wieder.“ Tessa nimmt sie fest in ihre Freundin-Arme.

Familie
Hops

6. Kapitel: Der kleinste Engel

Seit ihrem Traum muss Eli viel zu oft hinüberpeilen zu dem Tisch, an dem Merlin sitzt.

Er ist ein klasse Typ. Das wird sie natürlich nie laut sagen. Wenn sich ihre Blicke treffen, guckt sie schnell woanders hin. Muss ja keiner merken, wie verlegen sie wird. Hat sie etwa weiche Knie? Quatsch! Es macht einfach Spaß, nur so mit Merlin herumzualbern. Er scheint ihre immer vergnügte, spontane Art zu mögen.

„Schlagfertig bist du nur einmal, Lütte“, lobt Opa sie nicht selten.

Witze kann sie inzwischen fast ebenso gut erzählen wie Mama und Opa. Papa und Julian lachen schallend darüber, wie Eli dabei Grimassen schneidet. Sie hat für Witze ein Spezial-Gedächtnis, meint Papa. Er vergisst jeden noch so tollen Witz und bewundert seine Tochter deswegen umso mehr. Eli und Opa brauchen nur das passende Stichwort, um aus ihrem Vorrat die richtigen Witze hervorzuzaubern.

Am Samstagabend spielen sie *Quiz-Duell*. Opa ist heute dran als Quiz-Master.

„Welcher Vogel baut sich kein eigenes Nest?“, ist seine erste Frage. Nur das Funkeln hinter seiner Brille lässt Eli seine Absicht merken.

„Natürlich der Kuckuck“, weiß Julius prompt.

„Stimmt, mein Schlauer! Aber wie kommst du darauf?“, fragt Opa.

„Äh, …“ Julius wird unsicher. „Weil …“

„Weil, … der wohnt nämlich bei Tante Thea“, gluckst Eli und freut sich über die dummen Gesichter von Julius und Papa. Julius zieht die Stupsnase kraus. „Bei Tante Thea? Wieso? Versteh ich nicht.“

Mama begreift als erste: „In Tante Theas Kuckucksuhr?"

„Bingo! Hundert Punkte für die Mama." Der Opa und Eli zwinkern sich zu.

„Ihr seid gemein!" Trotzdem muss Julius lachen. Soll er sich so ′ne lustige Uhr mit ′nem Kuckuck drin wünschen, wenn er im September sieben wird?

Aber nicht nur Witze, auch andere Texte und besonders Gedichte lernt Eli schnell auswendig.

„Du wirst bestimmt mal Schauspielerin", lobt sie Frau Gruber, die Deutschlehrerin.

„Beim Zwergen-Theater", flüstert Collin so überdeutlich, dass alle sich zu ihm umdrehen.

„Behalt deinen massiven Anfall von Blödheit für dich! Bist bloß neidisch, weil deine grauen Zellen die Schwindsucht haben." Zornrot staucht Tessa ihn zusammen, und alle kichern. Collin zieht den Kopf ein und verkneift sich die Antwort. Diese albernen Zicken können ihn mal kreuzweise! Eigentlich schade. Wäre die Eli nicht so mini … Reichlich Feuer hat sie! Und Power. Sie schiebt nix auf die lange Bank, was ihr wichtig ist. Zwei Nummern größer wäre die Eluisa total seine Kragenweite. Verdammt attraktiv ist die Kleine mit den dichten, dunklen Wimpern. Und sie weiß genau, was sie sagt und was sie will. Na ja, vielleicht wächst sie irgendwann noch. Am besten lässt er sie in Ruhe, sonst macht er sich bei den anderen noch unbeliebter. Denn auch seine Freunde scheinen nicht mehr voll hinter ihm zu stehen bei seinen Eli-Neckereien. Erleichtert stellt Eli fest: Nur noch selten versucht Collins Clique zu stänkern.

„Das rate ich denen auch dringend!", ist Tessas giftiger Kommentar. „Sind so was von vorpubertär, die ätzenden, unfertigen Typen!"

Eli muss ihr einmal mehr Recht geben. Nein, an Merlin kommt keiner von denen ran.

Weil es bald Herbstferien gibt, schlägt Frau Gruber vor, schon jetzt die Rollen für das Adventsspiel zu verteilen. Den Text dafür hat sich eine Arbeitsgruppe in der Schreib-AG vor den Sommerferien ausgedacht. „Ihr habt während der Ferien genügend Zeit zum Auswendiglernen. In diesem Jahr müssen wir uns nämlich besonders anstrengen. Wir dürfen unser Stück gleich drei Mal vorspielen."

Die Klasse spitzt die Ohren. „Das klingt affenstark!", ruft Max spontan, und alle finden das auch. Daher lauscht jeder gespannt. Besonders Eli ist Feuer und Flamme. Das klingt nach jeder Menge Gaudi!

„Einmal für die anderen Klassen zum 1. Advent. Das zweite Mal abends für eure Familien, …", sagt Frau Gruber.

„Und das dritte Mal?", platzt Eli heraus.

„Oh, das dritte Mal wird eine richtig aufregende Sache, meine lieben Schauspieler. Wir sollen dazu ins Stadttheater kommen …"

Ein ungläubiges Raunen geht durchs Klassenzimmer.

„Nur wir?", möchte Vanessa wissen.

„Nein. Vier andere Schülergruppen werden außer uns auftreten. Es dürfte also äußerst spannend werden."

„Aber wir sind die coolsten, wetten?", posaunt Collin los.

„Logo. Vor allem du, Schleimer", ranzt Tessa ihn an.

„Keinen Streit, ihr beiden, bitte!", ermahnt Frau Gruber sie. „Ihr traut euch das alle zu, richtig?"

„Logisch, Frau Gruber!" Strahlend sieht Eli sich um. Die anderen nicken Zustimmung.

„Warum nicht, Frau Gruber?" Merlin lächelt Eli zu. Sie grinst glücklich zurück und hebt beide Daumen. Bei der

Rollenverteilung schlägt sie vor, den kleinsten Engel von den Vieren zu spielen.

„Passt doch wie verrückt!“ Collin kann es sich halt immer noch nicht verkneifen.

„Genau, und du bist der lange Stoffel und hütest des Nachts eure blökenden Schafe, was?“, kommt es von hinten. Schallendes Gelächter lässt Collin den Mund halten. Er ist lieber zuständig für die Beleuchtung und den technischen Kram. Als Schauspieler auf der Bühne stehen ist überhaupt nicht sein Ding. Er würde vor Lampenfieber sofort hinter die Kulissen abtauchen, sobald der Vorhang aufgeht.

Da stellt sich Frau Gruber zu Eli und wendet sich an Collin und seine Freunde: „Könnt ihr euch eigentlich vorstellen, wie so was der Eliusa tief unter die Haut gehen muss?“

„Wie? Was?“ Collin stellt sich dumm.

„Du weißt genau, was ich meine“, sagt Frau Gruber ernst.

„Ach so. Ist doch bloß bisschen Spaß“, nuschelt Collin.

„Aha. Spaß nennt ihr das. Wie nennt ihr anderen das?“, fragt Frau Gruber die Klasse.

„Kleinkariert!“ – „Ihr könnt nicht um die nächste Ecke denken.“ – „Einfach nur mies!“ So tönt es durch den Raum.

„Bitte denkt gut darüber nach, Collin. Du und deine oberklugen Kumpel. Es gibt nämlich vier kurze Worte, die ihr beherrschen solltet.“

„Äh, … ja, …“ Dem Collin fällt dazu nichts ein.

„Ich bin ein Idiot“, murmelt Eli und zählt an den Fingern ab bis vier.

Die Lehrerin geht schmunzelnd zur Tafel und schreibt mit roter Kreide in Großbuchstaben:

ES TUT MIR LEID!

„Danke, Frau Gruber!“, sagt Merlin an Elis Stelle. „Es tut uns wirklich allen Leid.“

„Bingo!“, freut sich Tessa über Collins tomatensoßeroten Kopf.

„Äh, … tut mir auch Leid. Echt …“, murmelt er in Elis Richtung.

„Lauter, süßer Collin! Deutlich!“ Tessa zwinkert Eli zu.

Frau Gruber hat die Textblätter vorbereitet, und schnell sind die Rollen verteilt. Natürlich melden sich Victoria und Vanessa als strahlende Engel. Die pummelige Kim möchte Mutter Maria sein und wünscht sich als ihren Josef - ausgerechnet den Merlin. Der grinst Eli vergnügt zu. „Klar! Mach ich. Bin ja kein Spielverderber“, hört Eli seine Antwort. Sie schluckt zwei Mal. Tja, für die Maria ist sie zu winzig. Eindeutig! Außerdem reizt sie wesentlich mehr die Rolle vom kleinsten, ziemlich schusseligen Engel.

Dann muss sie nicht bloß langweilig herumsitzen und ihr Jesusbaby im Arm halten. Zu sagen gibt es da halt nicht viel. Zufrieden zwinkert sie Merlin zurück. Das wird genau ihre Rolle! Wirst schon sehen, Josef-Merlin!

Nach dem Mittagessen verzieht sie sich in ihr Zimmer und liest sich ihre Sätze vor. Erst leise, danach laut zu ihrem Spiegelbild. Mit den passenden Fratzen und übertriebenen Bewegungen, über die sie selber lachen muss. Tollpatschig zu wirken, muss sie erst ausprobieren. Ihre normale Stimme verstellen, damit sie sich wie die von einem winzigen Engel anhört. Später kommt Tessa und muss ihr Kritiker sein.

Sie lobt Eli sehr. „Wow! Die Rolle passt perfekt zu dir.“

Eli lacht stolz: „Klar! Muss ja auch mal zu was nützlich sein, weil ich so mini bin. Für Julius wäre sie noch besser.“

„Logo. Der ist ja auch in unserer Klasse“, meint Tessa. Sie will die Frau vom dicken, unfreundlichen Wirt sein.

„Zickig keifen kannst du voll gut“, meint Eli bewundernd. Sie haben viel herum zu blödeln an diesem trüben Herbstnachmittag. Mama und Julius dürfen ihre ersten Zuhörer sein. Sie klatschen laut.

„Ich will auch so ´n guter Engel sein“, wünscht sich Julius.

„Bist doch schon einer.“ Tessa tupft ihm auf sein Stupsnäschen.

„Genauso einer wie Eli aber“, beharrt Julius eifrig und stellt sich mit ausgebreiteten Armen vorm Spiegel auf. Mama verspricht, den Lehrer zu fragen, ob er mit seinen Erstklässlern zur Weihnachtszeit ein kleines Spiel für die neugierigen Eltern vorbereiten würde. Sie will ihn dabei gerne unterstützen, schmunzelt sie.

„Mit Juli als kleinstem Engel, was?“ Eli strahlt sie unternehmungslustig an. „Da helfen wir auch, was, Zicken-Wirtsfrau Tessa?“

Unsicher schaut Julius zu den Mädchen auf. Macht seine Schwester sich über ihn lustig? Wehe! Das dürfte ihr schlecht bekommen! Ritter Julius trägt zwar eine eiserne Rüstung, darunter hat er allerdings kein meterdickes Fell. Nein, Eli und Tessa zwinkern ihm fröhlich zu. Sie meinen das völlig ernst.

Eli stellt sich ihren temperamentvollen Bruder mit seiner durchdringenden Stimme als Schauspieler gar nicht ungeschickt vor. Sie nimmt sich fest vor, fleißig mit ihm zu üben. Wenn er das möchte.

Vorm Schlafengehen guckt sie noch fix in sein Zimmer. Eigentlich will sie ihm nur schöne Juliusträume wünschen. „Wer will wohl in dieser Nacht deine armen Hasenfreunde piesacken, mein tapferer Ritter Julius?“, neckt sie ihn liebevoll. „Vergiss dein scharfes Schwert nicht!“

„Bäh!“ Julius zeigt ihr seine lange Zunge. „Wenn dich mal keiner piesacken will. Oder verduftest du auf ´ne einsame Insel? Da wohnen ´ne Menge lustige kleine Leute. Keine doofen Großen, meine ich, die an meiner Eli-Schwester blöd rumquatschen.“

„Genau. So ´ne Insel wäre genial“, seufzt Eli. „Am besten ein anderer Planet. Weit, weit weg. Wo nirgends dämliche Collins rumrennen. Und keine Stänker-Victoria-Tussis.“

„Lieber sooo viele grüne Männchen, ja? Und das allerkleinste heiratet dich. Und ihr kriegt ´ne Menge Mini-Babys. Hihihi!!“ Julius kichert albern.

„Da wirst du Mini-Baby-Onkel, hihihi!“, grinst Eli. „Na, du Mini-Onkel-Julius, schlaf mal gut!“

„Du noch besser, Mini-Planeten-Eli!“ Ihr Bruder zieht ihr eine seiner komischen Julius-Fratzen.

7. Kapitel: „Komm, Julius! Einsteigen!“

Die Häschenfreunde warten vor ihrem Bau. „Wo bleibst du, Ritter Julius?“

Julius erzählt ihnen von Elis Theaterrolle. Mit Schauspiel kennen Kaninchen sich nicht aus.

Sie müssen Julius etwas viel Wichtigeres zeigen. Die vier Pfoten deuten hinauf zu den ersten Sternen am mondhellen Himmel. „Schau, Ritter Julius! Der Abendstern“, weiß Pips.

„Da oben! Der besonders helle“, hilft Fips.

„Okay, was soll ich damit? Ist der gefährlich?“ Julius klopft gegen das scharfe Schwert in seinem Gürtel.

„Wissen wir nicht“, meint Fips. „Aber da oben ist was, das sieht gefährlich aus.“

Julius hält die Hand über die Augen. Das silberne Mondlicht blendet ihn. Was wollen seine Freunde ihm zeigen?

Erkennen kann er nichts Ungewöhnliches. Doch Fips und Pips lassen nicht locker. „Da kommt was angeflogen“, behaupten sie energisch. Angst scheinen sie davor ausnahmsweise nicht zu haben. Julius braucht eine Zeitlang, bis seine Ritteraugen so klar sehen wie die Kaninchenaugen. Endlich erkennt er, was Fips und Pips meinen: Ein winziger heller Punkt bewegt sich. Die Sterne funkeln zwar unruhig, sie bleiben jedoch auf einem Fleck stehen. Aber das Pünktchen wandert hin und her.

„Bilde ich ´s mir ein oder wird das größer?“, murmelt Julius.

„Siehst du, Pips, jetzt glaubt er uns“, freut sich Fips.

Julius steht kerzengerade und spürt kaum, wie sein Hals steif wird vom angestrengten Hochgucken. Tatsache! Das

Pünktchen bewegt sich nicht bloß. Es wird sogar ein bisschen größer. Und heller?

Ein Satellit?, fällt Julius ein. Er hat schon öfter darüber im Fernsehen geguckt. Sind die unbemannt? Zum Forschen? Zur Fernsehübertragung, erinnert er sich. Für ´s Wetter. Und welche gibt ´s mit den Signalen, die Papa für sein Navi im Auto braucht. Nee, nee, die kommen garantiert nicht näher, das weiß er genau.

„Das da kommt näher!“ Fips und Pips sind fest überzeugt.

„Oberquatsch! Satelliten bleiben in ihrer Umlaufbahn.“

Er staunt, weil ihm das gerade eingefallen ist. Bewundernd sehen die Häschen zu ihm auf. Na ja, wie sollen sie das auch kapieren, wo sie nie in die Glotze gucken? Er kratzt sich an der Nasenspitze. Wenn das Helle da oben kein Satellit ist, muss es ein Flugzeug sein. Es muss also weiß-gelb blinken im Dunkeln. Tut es aber nicht. Jedenfalls erkennt Julius nix Weißes oder Gelbes. Fips und Pips sehen auch nix blinken. Sie schauen mit runden, neugierigen Augen hinauf.

„Es ist noch größer“, behauptet Fips endlich. Er hat Recht.

Langsam und trotzdem deutlich erkennbar fliegt der Punkt weiter auf die Erde zu. Julius reibt sich seine brennenden Augen. Sieht er vielleicht grüne Männchen, weil er so müde ist? Nein, das Helle nähert sich. Schneller jetzt wohl?

Angst kennt Ritter Julius nicht. Nur ein dumpfes Rauschen ist plötzlich in seinem Kopf. Hastig zerrt er den Ritterhelm herunter und starrt wie gebannt zum Himmel.

Sie brauchen noch lange Geduld. Julius würde jetzt lieber schlafen. Oh, denkste! Zuerst muss er wissen, was da heranschwebt. Seine Neugierde hält ihn wach. „Ein unbekanntes Flugobjekt?“, schießt es ihm durch den Kopf. Opa hat ihnen manchmal davon erzählt. „Ufos nennt man die, oder so ähnlich“, berichtet er den aufmerksam lauschenden Kaninchen. „Fliegende Untertassen heißen sie auch.“

„Untertassen? Hahaha! Was du für ulkige Sachen weißt, Ritter Julius!“ Staunend schnuffeln sie mit den Näschen.

„Ach, tja, so was weiß man halt als Schulkind“, sagt Julius lässig. Ob das da oben wirklich so ein geheimnisvolles Weltraumding sein kann?

In seinen Armen und Beinen kribbelt es wie zehntausend Ameisen vor lauter Spannung. Damit scheint er Fips und Pips anzustecken. Sie hoppeln ungeduldig um ihn herum. „Upo! Upo!“, flüstert Pips andächtig.

„Nee, nee, nix Upo! Das heißt U-F-O“, verbessert Julius. „Mit einem F in der Mitte. Wie beim Fips am Anfang.“

Ach so, junge Kaninchen kennen ja gar keine Buchstaben. Dafür scheint dieses Ufo mit F seine Flugroute sehr genau zu kennen. Es scheint landen zu wollen. Plötzlich wird das Teil riesengroß und glänzend. So ähnlich wie das gewaltige Allianz-Fußballstadion in München.

„Es fliegt hierher!“ Fips hüpft aufgeregt in die Höhe.

„Es kommt zu unserer Waldwiese“, freut sich Pips. „Upo! Upo! Hier! Hier sind wir!“

„Es will bei uns landen. Ich fass es nicht“, seufzt Julius glücklich. Nee, das hat er sich in seinen kühnsten Träumen nicht vorgestellt. Vor ihm, dem großartigen Ritter Julius, landet ein Ufo! Wahnsinn hoch hunderttausend!!

Damit hat er so was von Recht. Denn noch größer und noch glänzender wird der Wahnsinn, als das Fußballstadion seine Landefüße ausfährt und sachte auf die Lichtung zu schwebt. Ein paarmal ruckelt es leicht, um die exakte Landeposition herauszufinden.

„Uff! Uff! Uff!“, stöhnt Julius erleichtert, als endlich alle vier Füße fest auf dem Waldboden stehen.

„Uff! Uff! Uff!“, stöhnt er, als langsam die Seiten des Raumschiffs verschwinden und er hineinsehen kann in den taghell erleuchteten Innenraum. Drinnen bewegt sich was. Logisch! Sind ja Leute an Bord. Ein Flugzeug fliegt auch nicht ohne Piloten. Eine breite, durchsichtige Treppe wird ausgefahren und mit riesigen Scheinwerfern angestrahlt.

„Komm, Ritter Julius!“ Fips stößt ihn mit der Nase an.

„Guck, wer da oben steht, Julius!“ Pips hoppelt mutig auf die beleuchteten Stufen zu.

„Uff! Uff! Uff!“, stöhnt Julius, als er den Freunden vorsichtig folgt. Was für ulkige, winzige Wesen sind denn das? Menschen wie er jedenfalls nicht. Aber grüne Comic-Marsmännchen mit langen Antennen auf den Köpfen erst recht nicht. Olchis? Nee, bestimmt nicht. Minions? Nee, Brillen haben sie nicht auf.

Die Wesen winken ihm zu. Soll er zurückwinken? Wenn das für sie ein Zeichen zum Angriff bedeutet? Julius rührt sich nicht vom Fleck. Sein tapferes Ritter-Herz klopft wild. Er hört Stimmen, sehr leise. Wie Murmeln? Oder Rauschen? Logisch! Deutsch sprechen die natürlich nicht da oben drin.

„Uff! Uff! Uff!“, stöhnt er bei dem deutlichen Ruf: „Komm, Julius! Einsteigen!“ Wenn das kein stinknormales Deutsch war, will er nicht mehr der tapfere Ritter Julius sein.

„Hallo!“, krächzt er. „Wieso kennt ihr meinen Namen?“

Die Kaninchen begreifen schneller. Mit flinken Sprüngen sind sie am Fuß der Treppe und machen artig Männchen vor einem deutlich größeren Wesen, das langsam die Stufen hinuntersteigt. Unten beugt es sich zu den Kleinen und zupft sie übermütig an den Wackelohren. „Ihr seid Fips und Pips, ja?"

„Häääää?" Julius steht der Mund weit offen. Die Stimme kennt er. Diese Stimme kennt er sogar allerbestens. In seiner festen Ritterrüstung kann er sich nicht in den Arm kneifen. Er muss es einfach glauben. Das Wesen da oben an der Treppe ist …

„Eli! Eli!!", schreit er los. „Wie … wieso … Was machst du hier im Ufo?"

„Euch abholen", ist die erstaunliche Antwort. „Los! Kommt endlich! Steigt ein, Julius!"

„Häää? Wen … abholen?", stottert Julius. Sieht seine Schwester ihn plötzlich doppelt?

„Dich und Fips und Pips natürlich. Wen denn sonst?

Jetzt macht schon hin, ihr drei!"

Die Häschenfreunde lassen sich nicht lange bitten. Hoppel, hoppel sind sie die ersten Stufen hinauf und winken Julius aufgeregt zu. „Komm, Ritter Julius. Einsteigen!"

„Uff! Uff! Uff!" Julius atmet dreimal tief durch und setzt seine schweren Ritterstiefel in Bewegung. Wenn seine tolle Schwester mit dem Riesending fliegen kann, ist das für ihn erst recht kein Problem.

Schwerfällig stapft er die breite Treppe hoch. Eli greift nach seiner rechten Hand, hilft ihm bei den letzten Stufen. „Wer … sind die da drinne?", fragt er unsicher. „Sind ... die ... harmlos?"

„Nee, weißte. Die fressen am liebsten süße, dumme Ritter zum Frühstück", lacht Eli ihn aus.

Julius blitzt sie ärgerlich an. „Wo woll´n die hin mit uns? Dürfen wir da mitfliegen? Einfach so?"

„Oh, na klar. Das weißt du ja noch gar nicht“, entschuldigt sich Eli. „Sie laden uns ein. Zu sich nach Hause. Zu ihrem Planetenfest.“

„Wie … Planetenfest? Nach Hause?“ Vor Verblüffung bleibt Julius der Mund offen stehen. „Wo ist bei denen `nach Hause´? Ist das weit zu diesen Planeties?“

„Keine blasse Ahnung. Werden wir bald sehen“, meint Eli locker. „Jedenfalls soll das ein ziemlich kleiner Planet sein. Irgendwo in der Nähe vom Mond.“

„Du willst mich verklapsen, ja?“ Julius kämpft mit sich, ob er einsteigen soll in dieses unbekannte Raumschiff.

Fips und Pips machen brav Männchen und flüstern ihm zu: „Hast du Angst, Ritter Julius? Wir sind doch bei dir und werden dich immer beschützen.“

Julius lacht laut auf. „Hahaha! Ihr Winzlinge? Mich? Mich beschützen?“ Er gibt sich einen Ruck. Das wäre doch mal laut gekichert! Also, du starker Ritter Julius, auf geht´s! Mal schauen, was uns da oben im Weltraum erwartet.

„So schlimm wird ´s schon nicht werden, Juli“, macht er sich leise Mut.

8. Kapitel: Dolmetscher Kurioso

„So klein sind diese Planetenleute. Noch kleiner als ich“, stellt Julius fest. „Und wie witzig die aussehen! Zum Glück nicht böse oder gefährlich. Irgendwie lustig und nett, oder?“

Eli und die Kaninchen sehen das genauso. Ohne Scheu hoppeln Pips und Fips auf die seltsamen bunten Wesen zu und machen Männchen vor einem mit seinem hellgrünen Umhang. Blitzschnell hat Julius aus den Augenwinkeln gezählt. Sieben müssten es sein. Jedes dieser Kerlchen trägt so einen farbigen, kurzen Umhang. Helle, leuchtende Farben sind es: zitronengelb, himmelblau, pink, orange, frühlingsgrün …

Ihre Köpfe sehen aus wie Ostereier, bloß unten mit einer Spitze. Die Augen blitzen kugelrund, aber der Mund ist viereckig. Wie eine sogenannte `Raute´, weiß Eli aus dem Geometrieunterricht. Dann wird das wohl stimmen. Statt Haaren stehen dünne Drähte auf den Köpfen, zwei längere und zwei ziemlich kurze, wie kleine Spiralen. Aber wo sind denn ihre Ohren? Julius denkt nach. Hören die vielleicht durch diesen dünnen Draht?

„Das ist Julius. Mein Bruder“, hört er Elis helle Stimme und versucht ein leises „Hallo, ihr Planetenmenschen!“

Feines Piepsen, Rauschen und leises Knacken sind die Antwort. „Geben die etwa Morse-Zeichen?“, überlegt Eli. „Wie die Funker? Die machen das so.“

Davon hat Julius erst wenig gehört, und die Häschenfreunde natürlich ebenso wenig.

„Ja, so könntet ihr diese Planetensprache bezeichnen, ihr Erd-linge.“ Eine Figur tritt auf die Geschwister zu. Deutlich größer ist sie als die anderen `Planeties´, fällt Eli auf.

„Hä, wer ist das denn?“, platzt Julius heraus.

Der kugelrunde, kahle Kopf mit lebhaften Kulleraugen, dem ebenfalls kreisrunden Mund und ähnlich spiraligen Drähtchen über der hohen Stirn sieht total komisch aus. „Ku-ri-o-so!“ Mit einer leichten Verbeugung zeigt das Männchen auf seinen dicken Kullerbauch.

„Ku-ri… was?“ Die Kinder verbeißen sich das Lachen. `Der Name passt super zu ihm´, denkt Eli und findet diesen lustigen Typ auf Anhieb sympathisch.

„Ku-ri-o-so“, wiederholt er mit einer zweiten höflichen Verbeugung. „Ku-ri-o-so kann euch verstehen, ihr Erdlinge, und in eurer Sprache mit euch reden.“ Er wedelt mit seinem Umhang. Der ist dunkelblau und reicht ihm bis zu den breiten Füßen.

„Bist du unser Dolmetscher, Kurioso?“, fragt Eli. Der nickt, dass die Drähtchen auf seinem Kopf heftig wippen.

„Verstehen diese Kleinen uns nicht?“, fragt Julius.

„Scheinbar nicht“, kombiniert Eli.

„Wo wollen die komischen Planeties mit uns hinfliegen, Ku-ri-dingsbums?“, möchte Julius wissen.

Eli kichert. „Ku-ri-o-so, liebes Brüderchen. Ist doch nicht so schwer, oder?“

„Kuuu-riii-ooo-sooo“, piepsen die Kaninchen und zeigen mit den Pfötchen auf den dunkelblauen Umhang.

„Danke, ihr Kleinen.“ Auch Julius verbeugt sich höflich. „Jetzt kann ich ´s mir merken.“

„Wir fliegen zu unserem Planeten mit der Nummer ZYX 00 11 33 55 77 99“, beantwortet Kurioso die Julius-Frage.

„Hää? Hat der keinen Namen?“, wundert sich Eli „Und warum so ´ne endlos lange Nummer? Die kann man sich ja gar nicht merken.“

„Nein. Das scheint dir nur so. Sie ist sogar sehr leicht zu merken." Kuriosos kreisrunder Mund verzieht sich zu einem Oval. Er wiederholt sie langsam, während Eli und Julius aufmerksam zuhören. Julius begreift es als erster: „Immer zwei gleiche Zahlen, und immer eine übersprungen, ja?"

„Bravo!", lobt Kurioso und lässt ihn die lange Planetennummer noch einmal sagen.

„Mensch, Lütter, bist voll gut", staunt Eli. Darauf hätte sie selber kommen können.

Stolz grinst Julius in die Runde, denn auch Fips und Pips winken ihrem schlauen Ritter Julius begeistert zu. Doch dann runzelt er nachdenklich die Stirn. „Meinst du, Eli, wir sollen wirklich …?"

„Ob ich meine oder peng", lacht Eli vergnügt. „Guck mal raus, Juli!"

„Oh, Manno!" Julius bleibt vor Schreck der Mund offen. Unbemerkt haben sich die durchsichtigen Wände des Raumschiffs geschlossen. „Upps! Wir … fliegen. Mensch, Eli! Wir fliegen!!"

„Ja, wir fliegen. Jetzt gibt es kein Zurück mehr für euch Erd-linge und eure treuen vierbeinigen Begleiter. Wir fliegen. Non-Stop bis zum Planeten ZYX 00 11 33 55 77 99."

Fips und Pips wackeln freudig gespannt mit den langen Ohren. „Tzööön!", piepst Pips. „Freust du dich auch, Ritter Julius?"

Julius weiß nicht, ob das Freude ist da drinnen in seinem Bauch. Hilfesuchend schaut er seine Schwester an.

„Der freut sich, euer tapferer Ritter. Jede Wette", antwortet Eli an seiner Stelle. „Ist doch eigentlich gigantisch in so ′nem echten Ufo, oder? Weißt du was, Brüderchen, ich schäle dich erst mal aus dieser albernen Ritterrüstung."

Julius will protestieren, doch er sieht ein, wie wenig ein tapferer Ritter in den Weltraum passt. Eli trägt auch so einen leichten Umhang wie die anderen hier. In Schweinchenrosa. Kurioso winkt den kleinen Kerlen zu, und sofort bringt der Frühlingsgrüne für Julius einen Apfelsinen-Umhang. Angenehm kuschelweich und locker ist der nach der schweren, engen Rüstung. Aber Halt! Nein, sein Schwert behält er mal lieber. Besser ist besser!

„Du bekommst es später zurück", vertröstet Kurioso ihn. „Im Weltraum brauchst du nichts zum Kämpfen."

„Stimmt", sagt Eli. „Ich glaube, das dumme Wort `Kampf´ gibt es hier überhaupt nicht. Richtig, Kurioso?" Der nickt zufrieden, und die Drähtchen bewegen sich leicht mit.

Fips und Pips klatschen in die Pfoten. „Kein Jägergewehr? Kein Bumm-Bumm! Wie tzööön!"

„Jaja, das ist am schönsten für euch, ihr lieben Mümmelmänner. So nennen euch doch die Menschen, nicht wahr?"

„Mümmel-Häschen", kichert Julius und zaust übermütig die weichen Hasenohren.

„Schaut bitte hinaus, Erd-linge!" Kurioso zeigt zu den Sternen, die näher und näher kommen. „Die Namen unserer Planeten wisst ihr?"

„Äh, … na klar. Äh … nein." Eli und Julius schütteln die Köpfe. „Ach so, - Saturn, Venus, Mars, Merkur, Jupiter, Pluto…", fallen Eli ein.

Gehört haben sie diese Namen zwar längst vom Opa. Auch Julius war schon als Dreijähriger total neugierig auf alles Neue über das Weltall. Aber Genaues wissen sie beide nicht mehr. Da muss auch Eli sozusagen `passen´. Dann erinnert sie sich an den Merksatz: „Mein Vater erklärt mir jeden Sonntag unseren Nachthimmel." Acht Wörter und zu jedem Anfangsbuchstaben ein Planet. Es sind also acht Planeten? Oder neun? Uranus, Neptun und … ja, unser Planet Erde zählt auch dazu.

„Wie lange müssen wir fliegen bis zu eurem Planeten?“, möchte sie wissen.

„Eine exakte Zeit dürfen wir euch nicht sagen, Erd-linge. Habt also Geduld“, ist die Antwort.

„Warum nennt der Kurioso uns immer `Erdlinge´?“, fragt Julius. „Weiß er nicht, wie wir heißen?“

„Natürlich kenne ich eure Namen, lieber Hu-li-us.“ Der kugelrunde Mund scheint von innen heraus zu lachen. „Ich werde euch ab jetzt mit E-lu-i-sa und Hu-li-us ansprechen, wenn ihr es euch wünscht.“

Julius kichert vergnügt. „Nee, nee, Kurioso. Doch nicht `Hulius´! Ich bin der Julius. Mit dem großen J am Anfang.“

„Verzeihung, lieber Hu-li-us“, entschuldigt sich Kurioso. „Leider kann ich deinen Namen nicht anders aussprechen. Ich hoffe, du kannst dich daran gewöhnen?“

Eli findet den neuen Namen für ihren Bruder klasse. „Passt doch super, Kurioso. Hauptsache, mich musst du jetzt nicht `Heluisa´ nennen. Aber du kannst kurz `Eli´ zu mir sagen.“

Sie lachen alle herzlich. Fips und Pips müssen den neuen Namen für ihren Ritter Julius gleich ein paarmal nachplappern: „Hu-li-us! Unser Ritter Hu-li-us …“ Fips möchte nun der `Hips´ genannt werden. Kein Problem für Ku-ri-o-so!

9. Kapitel: Pinguine leben am Südpol

Dann schauen sie alle fünf gespannt in den unendlichen, dunklen Weltraum. Der ist gar nicht mehr dunkel. Rundherum strahlen und funkeln eine Unmenge von großen und kleineren Sternen um die Wette.

„Tzöööön!“, sagt nun auch Julius-Hulius andächtig.

„Was ist das da drüben?“ Fips-Hips zeigt zu einem metallisch-glänzenden Flugobjekt in ihrer Nähe.

„Das ist ein Forschungssatellit“, weiß Kurioso. „CRYOSAT 2 wird er von euch Erd-lingen genannt. Er umkreist euren Planeten in exakt 726 000 Kilometern Abstand.“

„Wow! Sind wir jetzt auch so hoch?“, staunen seine vier Zuhörer. Er nickt bedächtig.

„Da sind auch Menschen drinnen?“, überlegt Julius.

„Oh nein. Satelliten sind oft unbemannte Raumfahrzeuge. Dieser CRYOSAT 2 umrundet den Erdplaneten über dessen Nord- und Südpol.“

„Wozu das denn?“, wundern sich die Geschwister.

„Er kann erforschen, wie dick der Eispanzer dort an beiden Polkappen ist und wie er sich verändert.“

„In der Arktis und der Antarktis“, fallen Eli die Fachausdrücke dafür ein. Sie erklärt sie ihrem Bruder:

„Die Arktis ist ganz oben am Nordpolarmeer.“

„Und die Antiarktis dann am Südpolarmeer?“, kombiniert Julius.

Kurioso amüsiert sich: „Nein, Hu-li-us. Nicht `Anti´. Aber eigentlich hast du Recht. Der Kontinent `Antarktika´ umfasst den südlichsten Ozean. Sein Festlandbereich bildet die größte Eiswüste eures Erd-Planeten.“

„Eiswüste? Eispanzer?“ Die Kaninchen verstehen auch davon nichts, lauschen jedoch mit aufgestellten Ohren.

„Ist der Panzer für Ritter Julius-Hulius?“, denkt sich Pips.

„Aus eiskaltem Eis?“, vermutet Fips.

„Nein, ihr netten, oberschlauen Langohren“, amüsiert sich Kurioso. „Es handelt sich dabei nicht um diese eisernen Panzer, wie sie die Ritter früher trugen. Gemeint sind die meterdicken Eisschichten am Nordpol und am Südpol eures Erd-Planeten.“

„Nordpol? Wo Lars, der kleine Eisbär, wohnt?“ Die Augen von Julius blitzen. „Und das dicke Walross und die vielen lustigen Pinguine?“ Da will er unbedingt hin, - sobald er mal selber ´ne Menge Geld verdient, erzählt er den Häschenfreunden.

„Vielleicht kannst du dann mithelfen, damit das dicke Eis dort nicht noch weiter schmelzen muss, lieber Hu-li-us“, sagt Kurioso nachdenklich.

„Logo“, nickt Hulius-Julius vergnügt.

„Aus dem tapferen Ritter wird der unerschrockene Polarforscher“, neckt Eli ihn.

„Ja, und du wirst meine schlaue Hilfe zum Aufschreiben beim Forschen.“ Julius meint das völlig ernst.

„Deine Assistentin? Okay! Bin dabei, Bruderherz. Ehrensache! Lars und den anderen Eisbären ist es garantiert wurscht, wie klein wir beide sind.“ Eli grinst bis zu beiden Ohren bei diesem tollen Julius-Gedanken. „Übrigens, deine Pinguine leben nur am Südpol, soweit ich weiß.“

„Und im Zoo. Bei den niedlichen kleinen Seehunden “, meint Julius.

Kurioso verzieht den Kreismund zu seinem Lachen. „Ja, sie zählen zu den fluguntauglichen Seevögeln der Südhalbkugel.“ Er ist nicht fertig mit dem wichtigen Eis-Thema. „Wollt ihr noch mehr darüber wissen, ihr Erden-kinder?“

„Wir auch, Ku-ri-o-so“, bitten Fips und Pips. Und Kurioso erzählt ihnen, wie das Eis an beiden Polen jedes Jahr noch weiter abtaut. Schuld ist die zunehmende Erwärmung der Erdatmosphäre, wie Eli im Erdkundeunterricht gelernt hat. Immer weniger stark wird diese Eisschicht. Und das Wasser in den riesigen Ozeanen steigt dadurch jedes Jahr höher.

„Durch den Klimawandel.“ Eli erinnert sich genau an das Stichwort `Treibhausgase´. Bei dem Thema wurden nämlich ausnahmsweise auch der Collin-Dummschwätzer und die Ober-Zicken nachdenklich.

Julius hat schon vom Opa darüber gehört, der das wohl kein bisschen witzig fand. Julius hat ihn gefragt: „Läuft das Meer bald einfach über, Opa?“ Oh, darüber muss er dem Kurioso unbedingt berichten.

Die Häschen gucken ihn entsetzt an. „Läuft das Eiswasser bis in unseren Hasenwald, Hu-li-us?“, fragt Pips argwöhnisch. - „Bis mitten in unsere tiefe, dunkle Höhle?“, fragt Fips erschrocken.

„Das wollen wir alle nicht hoffen, Hips und Pips“, tröstet Kurioso die beiden Angsthäschen. Er zeigt auf ein anderes glänzendes Flugobjekt, das in der Ferne langsam an ihnen vorbei zieht. „Das wird einer von euren Forschungssatelliten sein, die genau messen können, wie viel Salz eure Weltmeere enthalten. Oder ob die Erdoberfläche sich verändert. Zum Beispiel …“

„Nach schlimmen Erdbeben oder Tsunamis?“, vermutet Eli eifrig.

„Ja, sie messen sogar die wechselnden Temperaturen in der Erd-Atmosphäre“, weiß Kurioso.

„Wow!“ Julius staunt. Hier gibt ´s jede Menge zum Lernen für ihn. Das will er alles mal googeln, - mit Eli zusammen natürlich. Solche Sachen kriegt er bestimmt irgendwann in der Schule beigebracht. Na gut, in der ersten Klasse sicher noch nicht.

„Der erste künstliche Satellit hieß SPUTNIK“, fällt es Eli gerade ein. „Ist schon ewig her, oder?“

„Am 4. Oktober im Jahr 1957 nach eurer Zeitrechnung wurde `SPUTNIK 1´ von den Russen in seine Umlaufbahn geschickt“, gibt Kurioso ihr gerne Recht.

„Da sind aber oft paar Menschen im Weltraum“, behauptet Julius wichtig und freut sich, weil seine Häschenfreunde ihn bewundern für seine Klugheit.

„In der ISS“, sagt Eli ganz cool. So was weiß man halt mit fast zwölf Jahren.

„Ganz richtig, E-lu-i-sa. In diesem internationalen Weltraumlabor forschen bis zu sechs Astronauten über mehrere Monate gemeinsam“, bestätigt ihr Dolmetscher. Ihm machen diese wissbegierigen Erdenkinder großen Spaß.

„Sooo lange? Kriegen die kein Heimweh?“ Julius kann das kaum begreifen. „Wohnen die da richtig drin? Wie im feinen Hotel?“

Eli tippt ihm auf die Nasenspitze. „Schön wär ´s, Kleiner! Die müssen da drinne in ihrem Labor konzentriert arbeiten. Experimente machen und so. Das werten sie dann alles aus und schicken die Ergebnisse runter zur Bodenstation, - an die NASA …“

„Du weißt prima Bescheid, E-li.“ Kuriosos Augen strahlen kleine Blitze aus. „Auch ein deutschsprachiger Astronaut hat ein halbes Jahr in der ISS verbracht.“

„Genau. Der hieß … äh, ... so was mit Getreide. Weizen oder so“, fällt Eli ihm eifrig ins Wort.

Kuriosos runder Mund wird noch runder vor Vergnügen. „Nicht Weizen, E-li, sondern Gerste, denke ich. Gerst ist sein Name."

„He, und Alex ist sein Vorname. Wie unser Onkel", fällt bei Eli der Groschen.

„Das stimmt! Der Alexander Gerst ist das. Er hat viele wunderbare Neuigkeiten mitgebracht aus diesem Labor."

„Sag mal, woher weißt du das alles, Kurioso?" Eluisa sieht ehrfürchtig zu ihrem Dolmetscher auf. „Lernt ihr das etwa auf eurem Planeten?"

„Dieser Planet ZYX 00 11 33 55 77 99 ist nicht mein Heimatplanet. Meine Familie stammt von einem weiter entfernten Planeten. Unsere Farben dort sind deutlich dunkler, wie ihr an meinem Umhang erkennen könnt." Kurioso streicht über seinen runden Bauch.

„Deine Familie lebt da noch?", denkt sich Julius.

„Leider nein." Kuriosos Stimme klingt betrübt. „Wir alle wurden vor vielen Jahren von dort verbannt. Das ist jedoch für euch Erden-kinder schwer zu verstehen. Ich wurde auf euren Planeten Erde geschickt, um eure unterschiedlichen Lebensgewohnheiten und eure Sprachen zu studieren."

„Wieso? Nicht nur Deutsch?", fragt Julius.

„Natürlich nicht, Hu-li-us. Sämtliche wichtigen Sprachen eurer Erde sind für uns Weltraumbewohner von der größten Bedeutung."

„Ja, Englisch", meint Eli. „Ist halt die Weltsprache. Und Französisch als zweite?"

„Auch Spanisch, Schwedisch, Russisch, Japanisch, Arabisch, Finnisch, Italienisch, Dänisch, Polnisch, sowie die vielen afrikanischen Sprachen …", ergänzt Kurioso.

Eli mustert ihn verstohlen von der Seite. Meint er das im Ernst?

„Uff! Uff! Uff!“ Julius juckt sich am Ohr. „Mensch, bist du clever, Kurioso. So viele Sprachen könnt´ ich nie lernen. Echt schade!“

„Wir sind eben keine Menschen, du lieber Hu-li-us. Jede noch so komplizierte Sprache lernen wir viel schneller als ihr. Unser Sprachen-Gedächtnis arbeitet völlig anders als bei euch Erden-bewohnern“, erzählt Kurioso.

„Ihr habt ´s gut!“ Eluisa denkt voller Schrecken an die Massen von Englisch-Vokabeln, die sie noch lernen soll. „Auf eurem Planeten würde ich gerne wohnen, Kurioso.“

„Ich auch“, seufzt Julius, obwohl er noch ein wenig Zeit hat mit den komplizierten Fremdsprachen.

„Wartet lieber ab, bis ihr unseren Planeten kennenlernt, Hu-li-us und E-li. Ihr würdet rasch allzu großes Heimweh bekommen nach eurem schönen, grünen Planeten Erde.“

„Ist euer Planet nicht grün?“, wundern sich Julius und die Häschen. „Gibt ´s keine Bäume und keine Blumen? Keine Waldwiese?“

„Leider nein, Hu-li-us, Hips und Fips.“ Kurioso schüttelt die vier Drähtchen auf seinem Kopf.

Während der ganzen Zeit stehen immer abwechselnd drei der kleinen Planetenbewohner neben ihnen. Ihre vier Drahtspiralen bewegen sich ununterbrochen.

„Ihr hört uns zu, nicht wahr?“, wendet sich Kurioso an den im himmelblauen Umhang. Die Drähte schwanken heftig hin und her. Die längeren Drähte brauchen sie zum Hören, die kürzeren zum Riechen, erfahren die Kinder von Kurioso. Ach so, sie haben ja weder Nasen noch Ohren.

„Was hat er dir eben gesagt, Kurioso?“, drängt Julius.

„Ja, sie lauschen unserem Gespräch mit dem größten Vergnügen. Sie freuen sich sehr über eure Gesellschaft, denn sie mögen euch alle vier.“

„Wieso? Sie kennen uns ja überhaupt noch nicht“, meint Eli nüchtern.

„Oh doch. Sie kennen euch alle vier sogar erstaunlich gut. Sie hoffen, ihr bleibt recht lange ihre Gäste.“

„Mal sehen“, murmelt Julius unsicher. „Wenn´s bei euch was Leckeres zum Schnucken gibt?“

„Klappe!“ Eluisa boxt ihn. „Wir sind zu Besuch. Nicht zum Futtern, liebes Brüderchen!“

„Selber Klappe!“, knurrt Julius.

„Stop, Hu-li-us und E-lu-i-sa! Bitte denkt daran: Bei uns gibt es keinen Streit!“

„Tut uns Leid. Entschuldige, Kurioso“, sagen beide gleichzeitig und grinsen sich verlegen zu.

„Was gibt es eigentlich zum Essen bei euch?“, fragt Pips neugierig, und Julius und Fips nicken dazu.

„Eure Frage ist völlig berechtigt“, lobt Kurioso das muntere Kaninchen. „Auf jeden Fall gibt es bei uns nichts, was euch schmecken könnte. Und wahrscheinlich leider nichts, was eurem Magen gut tun würde.“

„Keine Möhrchen?“ - „Und kein Salat?“ Fips und Pips rümpfen traurig die Näschen. „Wir haben Hunger, Kurioso. Großen Hunger. Auf leckere Möhrchen. Auf grünen Salat“, ergänzt Pips weinerlich.

„Äh, ich glaube, das gibt ´s da nicht, meine Kleinen“, sagt Julius erschrocken. Was soll er seinen hungrigen Hasenfreunden zu fressen geben in diesem fremden Raumschiff? Sein Magen fängt deutlich an zu knurren.

„Pizza Salami? Spagetti?“, fragt er hoffnungsvoll.

„Ihr müsst bei uns niemals verhungern, lieber Hu-li-us“, verspricht Kurioso. „Vor allem eure braven Hoppeltierchen nicht. Wir haben reichliche Vorräte an Bord. Sogar extra welche aus eurem deutschen Land.“

„Extra für uns?“ Eli strahlt. „Wie lieb von euch, Kurioso. Danke!“

„Bedanken musst du dich vielmehr bei diesen vergnügten Bewohnern unseres Planeten, die euch herzlich einladen, mit ihnen zu feiern.“

„Also habt ihr gewusst, wir würden mit euch fliegen?“, freut sich Eluisa.

„Selbstverständlich“, nickt Kurioso. „Wir hoffen, es wird euch bei uns gut gefallen.“

„Was ist anders bei euch als auf unserer Erde?“, erkundigt Julius sich zaghaft. Etwas schwummrig ist ihm jetzt doch, obwohl seine Schwester dabei ist.

„So manches wird euch bei uns bestimmt auffallen“, beginnt Kurioso. „Die Regel Nummer eins, die ihr unbedingt befolgen müsst: Auf unserem Planeten gibt es kein böses Wort. Kein einziges Schimpfwort, keine Beleidigung, nichts Gemeines, falls ihr wisst, was ich damit meine.“

„Und echt kein bisschen Streit oder Zanken, meinst du?“ Julius macht ungläubige Augen. Geht so was überhaupt?

„Keinen Krieg?“, schlägt Eli vor.

„Natürlich nicht!“ Auch keine Verbrechen oder Terror in jeder Form, hören die Kinder verblüfft. Das sollen sie wirklich glauben?

„Wir sind durchaus nicht immer alle einer Meinung“, gibt Kurioso zu. „Kritik ist sogar erwünscht, jedoch darf sie niemals verletzend sein oder bösartig.“

„Wird keiner ausgelacht? Niemand geärgert? Auch nicht … gemobbt?“, fragt Eluisa gespannt.

„Aus welchem Grund sollten wir uns gegenseitig ärgern oder auslachen?“ Überrascht sieht Kurioso sie an.

„Na, zum Beispiel, weil ihr so klein seid.“ Eli erzählt, wie häufig sie und ihr winziger Bruder in der Schule und beim

Spielen verspottet und traktiert werden. Julius schnauft grimmig seine Zustimmung. Wütend ballt er beide Fäuste beim Gedanken daran.

„Davor müsst ihr bei uns keine Angst haben.“ Kurioso kann die beiden beruhigen.

„Dann will ich bei euch bleiben“, seufzt Eli. - „Ich auch!“, seufzt Julius. - „Wir auch“, mümmeln Fips und Pips.

„Vielleicht verratet ihr nach eurer Rückkehr euren vielen Freunden, was euch bei uns gefällt“, schlägt Kurioso vor. „Doch nun, ihr Erden-kinder, ist es Zeit zum Schlafen. Ebenso für euch, ihr jungen Mümmelmänner.“

„Schlafen? Och nee! Ich bin kein bisschen müde.“ Julius protestiert heftig. „Wo sind hier überhaupt Betten?“

Zuerst muss Eli noch etwas fragen: „Du, Kurioso, was ist denn bei euch die zweite wichtige Regel?“

Die Antwort heißt: „Wir hören einander zu.“

„Wieso? Das ist ja nix Besonderes“, meint Julius.

„Das denkt ihr“, sagt Kurioso ernst. „Ihr Erd-linge redet und redet, viel und schnell wie ein Wasserfall. Nicht selten unnützes Zeug, ist mir aufgefallen. Und jeder soll euch dabei genau zuhören. Wenn ihr aber einem anderen zuhört, sind eure Gedanken oft gar nicht bei der Sache. Ihr seid fast nur interessiert an euren eigenen Problemen.“

Eli grübelt. „Das stimmt ganz schön oft, Kurioso. Macht ihr es anders?“

„Wir schauen unserem Gegenüber ins Gesicht und zeigen ihm damit, wie gerne wir ihm zuhören“, sagt Kurioso.

„Genau wie unser Opa“, nickt Julius. „Der guckt immer mitten ins Gesicht, wenn er mit uns redet, und wir mit ihm.“

„Ja, der nimmt uns richtig ernst“, ergänzt Eli und muss auf einmal laut gähnen. Eine Runde Schlaf ist keine schlechte Idee. Ihrem kein bisschen müden Bruder fallen als erstem die Augen zu. Aneinander geschmiegt schlafen sie alle vier auf einer kuschelig-weichen, hellgrünen Decke. Tief und fest schlafen sie, während das Ufo den Planeten Erde weit, sehr weit hinter sich lässt.

Sie müssen recht lange geschlafen haben. Als Eluisa wach wird, sitzt Kurioso neben ihnen und tippt ihr sanft auf die Schulter. „In Kürze landen wir, E-li. Weckst du bitte deinen Bruder und die Kaninchen?“

Eli gähnt zwei Mal, reckt sich ausgiebig und stupst die drei Schnarchnasen an: „Hallo, alle Mann aufwachen! Wir sind gleich da!“

Mit großen, neugierigen Augen beobachten sie, wie das Raumschiff auf den dunklen Planeten mit der Nummer ZYX 00 11 33 55 77 99 zusteuert und behutsam zur Landung ansetzt. Was wird sie dort erwarten?

10. Kapitel: Der Planet der Kleinen

Mit ziemlich weichen Knien steigen die Kinder die taghell erleuchtete Treppe hinunter, neben Kurioso und den sieben Besatzungsmitgliedern. Die Häschen drängen sich eng an Julius. Unten stehen alle Planetenbewohner zum Empfang bereit. Unbeweglich stehen sie in drei Reihen und sehen den Erden-Besuchern entgegen.

„Die freuen sich gerade nicht“, murmelt Julius.

„Nö, sieht wohl nicht so aus“, meint Eli enttäuscht.

„Das scheint nur so, Hu-li-us.“ Kuriosos Mund vergrößert sich fröhlich. „Es ist üblich auf diesem besonderen Planeten. Sozusagen Regel Nummer drei: Man lässt jeden Besuch erst einmal in aller Ruhe ankommen, bevor er herzlich begrüßt und willkommen geheißen wird.“

„Ach so.“ Julius und Eli nicken, rufen laut „Hallo!“ und zaubern ihr vergnügtestes Erdengrinsen in die Mundwinkel. Das wirkt prompt. Nacheinander verbeugen sie sich. Alle sieben Familien. Das sieht lustig aus bei den verschiedenen Farben ihrer Umhänge. Jeder breitet die Arme weit aus, klatscht ein paar Mal in die Hände und stampft genauso oft mit den breiten Füßen auf den Boden. Dabei wippen die Drahtspiralen auf den Köpfen hin und her. Die Mundwinkel werden steil nach oben gezogen. Lachen bedeutet das, übersetzt Kurioso den erstaunten Kindern. Ebenso die seltsamen Willkommenslaute wie Rauschen, Knacken, feines Sirren.

Nur die Allerkleinsten von jeder Familie beugen die Köpfe so weit nach unten, bis sie vornüber purzeln und sich überkugeln. „Wie `ne Rolle vorwärts. Wie unser Purzelbaum“, kichert Eli, weil das so putzig aussieht. „Gehört das mit zur Begrüßung?“

„Allerdings." Kurioso klatscht auch mehrmals kräftig in die dicken Hände. „Das tun jedoch nur die Jüngsten, wie ihr euch denken könnt."

„Wie viele sind denn das?" Julius reibt sich verwirrt die Augen. So viele wie in seiner Klasse müssten das sein.

In jeder Familie fast zwanzig? „Manno, so ´ne Menge Geschwister", staunt er. „Können die alle Fußball spielen? Da hat ja jede Familie ´ne eigene Mannschaft."

„Keineswegs. Diese bei euch so wichtige Sportart kennen wir nicht", sagt Kurioso. Es gäbe kaum genügend Zuschauer und keinen Sportplatz. Nicht einmal Bälle kennt man hier. „Schade", bedauert Julius, der sich ein Leben ohne seinen geliebten bunten Ball nicht vorstellen kann. Womit hier die armen Kinder wohl spielen?

„Ihr müsst es ihnen nachmachen", flüstert Kurioso den zwei Besuchern zu.

„Waaas? Das ganze alberne Gehampel etwa?" Julius macht sein Ich-mag-nicht-Gesicht.

„Nein. Nur die Armbewegung und das Stampfen." Kurioso macht es noch einmal vor.

Eli blinzelt Julius zu und flüstert: „Arme breit, fünfmal klatschen, fünfmal stampfen."

Da grinst Julius verschmitzt und reißt die Arme hoch. Er hüpft fünfmal in die Höhe, fast so leicht wie daheim auf dem Trampolin, und klatscht dabei die Hände fest aneinander.

Eli beobachtet ihn. Soll sie das Babygehampel nachäffen?

Kurioso stößt sie leicht an. „Jetzt du, E-lu-i-sa!"

Mit weit ausgebreiteten Armen hopst Eli auf den festen Boden und fühlt sich mit jedem Mal leichter und freier. „Warum hast du uns vorhin mit einer tiefen Verbeugung *Guten Tag* gesagt?", fragt sie ein wenig außer Atem.

„Weil ich es mir auf eurer Erde abgeschaut habe", lächelt Kurioso.

„Nee, nee! Wir geben uns dabei nur die Hand. Die rechte ist höflich", unterbricht Julius ihn.

„Manche drücken sich ein Küsschen auf beide Backen", ergänzt Eli. „In Japan verbeugen sie sich. Hübsche kleine Geishas im seidenen Kimono. Auch in China? Kann sein."

Verwundert haben die Häschen ihnen zugeguckt. „Ihr dürft das auch, Fips und Pips", fordert Julius sie auf.

Schon wackeln die vier langen Ohren. Vier Hinterpfoten knallen mächtig laut auf den Boden. Großer Jubel bei den bunten Familien. Tiere sind hier unbekannt, erfahren Julius und Eli ungläubig. Überhaupt keine? Nicht mal ganz kleine Insekten? Ameisen? Keine Vögel und Schmetterlinge? Keine lästigen Wespen und Spinnen? Das können sie sich nicht vorstellen.

Kurioso übersetzt ihnen nun die Begrüßungsrede. Die größte Frau im zitronengelben Umhang hält sie. Als Frau ist sie an der fünften Drahtspirale auf dem Osterei-Kopf zu erkennen. Diese dient der Ernährung der winzigen Kinder, erklärt Kurioso den Unterschied zwischen den männlichen und weiblichen Planetenbewohnern.

Die zitronengelbe Frau ist hier anscheinend der Planeten-Chef, wie Kurioso es ausdrückt. Jeder einzelne verneigt sich vor ihr, sobald sie fertig ist mit ihrer kurzen Ansprache. Sehr freundlich spricht sie zu den Erdenkindern und ihren Hasenfreunden, die alle vier noch nicht wissen, ob sie sich wohlfühlen sollen auf diesem seltsamen Planeten. Die Chefin holt aus den Falten ihres Zitronen-Umhangs umständlich etwas hervor und nähert sich Kurioso. Der verneigt sich tief und übersetzt:

„Für euer Willkommensgeschenk müsst ihr euch auch mit einer tiefen Verbeugung bedanken."

„Ein Geschenk? Tzööön!" Pips hüpft vor Freude ein Stück in die Luft. „Möhrchen? Salat?"

„Nein, nein", lacht Kurioso. „Streckt eure rechte Hand aus, E-lu-i-sa und Hu-li-us." Behutsam legt die Zitronengelbe ihnen etwas Festes, Glattes, mondhell Glänzendes hinein.

„Ein … bunter Stein?" Die Kinder stutzen.

„Und … was sollen wir damit?", fragt Julius.

„Hierbei handelt es sich um keinen gewöhnlichen Stein, lieber Hu-li-us", klärt Kurioso ihn auf.

„Wow! Ein Zauberstein, was?" Julius holt tief Luft.

„So kannst du ihn nennen." Kurioso nickt, dass die dünnen Drähte auf seinem kahlen Kopf wippen.

„Eher ein Glücksstein?" vermutet Eli, die leidenschaftliche Steine-Sammlerin. Überall in ihren Zimmerecken sind die wunderschönsten Exemplare in den unterschiedlichsten Größen verteilt.

„Es sind magische Steine, so heißt es in unserer Sprache. Aus den harten Wänden einer tiefen Höhle in der Mitte des Planeten wurden sie herausgeschlagen. Schaut sie euch bitte genau an. Wie herrlich sie funkeln in den feinen Rillen und Mustern. Sie schimmern in allen sieben Farben dieses ungewöhnlichen Planeten." Staunend fahren die Kinder mit den Fingern über ihren wunderbaren Edelstein.

„Dieser Planetenstein macht euch stark und mutig und hilft, euch vor Gefahren zu beschützen."

„Auch vor fiesen Großen?", platzt Julius heraus.

„Selbstverständlich. Vor ihnen besonders. Darum solltet ihr ihn hüten wie euren allergrößten Schatz."

„Und vor allem nie verlieren“, ergänzt Eli. Sie hält diesen frühlingsgrünen Wunderstein in beiden Händen, behutsam wie ein zartes, zerbrechliches Vogelei.

„Nein, niemals verlieren“, bestätigt Kurioso ungewöhnlich ernst. „Diesen magischen Stein bekommt ihr ein einziges Mal in eurem Leben geschenkt. Hier auf unserem Planeten ZYX 00 11 33 55 77 99.“

„Können wir uns auch was wünschen damit?“, fragt Eli.

„Das sollt ihr sogar. Aber jeder Wunsch geht nur dann in Erfüllung, wenn ihr vorher mit geschlossenen Augen die magische Formel sprecht.“

Magische Formel? Eli und Julius sehen Kurioso gespannt in die runden Augen. „Wie heißt die?“

„Ihr müsst sie euch unbedingt genau merken und dürft sie niemandem verraten. Das müsst ihr mir zuerst versprechen.“ Die Kinder versprechen es feierlich.

„Sagst du sie uns jetzt? Bitte!“, drängt Julius.

„Sie lautet: *`Dora e't aquora´* und bedeutet, ihr sollt euren Stein immer einmal kurz ins Wasser halten.“

„Ja, ist doch sonnenklar! Um dadurch seine magische Energie wieder aufzuladen“, ist Eli sicher.

„Perfekt kombiniert, E-lu-i-sa! Kompliment!“, freut sich Kurioso. „Ich sehe also, bei euch sind diese wertvollen Steine in den richtigen Händen. Bitte wiederholt jetzt die magische Formel.“

Er muss sie ihnen noch drei Mal langsam vorsprechen, bis auch Julius sie ohne Fehler auswendig sagt.

„Dürfen wir sie nicht mal an Mama und Papa verraten?“, fragt er unsicher.

„Auf keinen Fall. Auch dem verehrten Opa nicht. Oder den besten Freunden. Sonst ist die Wirkung der Steine für immer aufgehoben. Für immer und ewig!“, warnt Kurioso.

„Krass“, seufzt Julius und hält seinen himmelblauen Stein zärtlich an die Lippen. „Ich passe immer gut auf dich auf, mein Kleiner. Du auf mich auch? Bitte, mein blauer Stein!“

Das muss Kurioso sofort den sieben Familien übersetzen. Sofort ertönt das Rauschen, Sirren, Knacken. Großer Jubel, wie Kurioso zufrieden meint. „Ihr Erd-linge seid besonders herzlich willkommen. Alle freuen sich, wenn ihr das große Planetenfest mit uns feiern werdet.“

Alle Familien wollen nun die Kinder umarmen. Die beiden Kaninchen, das schwarzbraune und das schneeweiße mit den dunklen Augenringen, werden aus der Nähe angestaunt und zaghaft berührt. Vor allem die langen Ohren, die seidigen Näschen und die weichen Puschelschwänzchen. Beide bekommen eine dicke hellrote Möhre geschenkt. Der kleine Pips findet das natürlich `tzööön!´

„Was für ein Fest soll das sein?“, fragt Julius skeptisch. „Wie lange dauert es?“

„Lasst euch überraschen, Hu-li-us.“ Mehr darf Kurioso noch nicht ausplaudern. „Hm, na dann!“, macht Julius.

Eli muss noch etwas Wichtiges wissen: „Ist dieser Planet ungefähr so groß wie die Erde?“

„Nein. Er zählt zu den kleinsten und unbedeutendsten in der Galaxie, wie ihr dieses Sonnensystem auch bezeichnet. Es leben ja nur die sieben Familien und meine Angehörigen zusammen.“

„Wird es hier auch mal richtig hell?“, fragt Julius.

„Wie spät ist es eigentlich?“, fragt Eli.

„Zeit spielt bei uns keine Rolle. Wir kennen keine Uhren und keinen Kalender. Heller als jetzt wird es niemals. Und auch nicht dunkler“, beantwortet Kurioso beide Fragen.

Julius schüttelt sich. Nee, das gefällt ihm nicht. Scheint etwa nie die Sonne? So richtig heiß wie bei Schwimmbadwetter? Keine Angst vor ´nem kräftigen Sonnenbrand? Aber niemals Winter? Kein Schnee und Eis? Nix mit Skifahren, Rodeln und Schlittschuhlaufen? Keine dicken Winterstiefel, den langen Schal und bunte Pudelmützen?

Leider nein. Oder besser zum Glück nicht, erfahren die Kinder. Die Temperaturen sind immer gleich. Das liegt an der dichten Hülle, die den Planeten umgibt, ähnlich wie ein schützender Mantel. „Ohne sie könntet auch ihr Erd-linge bei uns nicht atmen. Ihr würdet womöglich herunterfallen von unserem Planeten und irgendwo durchs unendliche Weltall schweben. Eure Füße sind deutlich kleiner als die unseren. So habt ihr logischerweise deutlich weniger von der notwendigen Bodenhaftung, falls ihr das versteht."

Verdutzt schauen die Kinder von ihren schmalen Schuhen zu den fast klobigen Füßen dieser sonderbaren Planeties.

„Wie so süße kleine Engel könnten wir fliegen, was?"

Julius kichert. Eine witzige Vorstellung ist das.

„Bitte nicht!", wehrt Eli erschrocken ab.

„Huch!", piepsen Fips und Pips entsetzt. Sie wollen lieber heim in ihren grünen Wald zu den saftigen Kräutern. Die braunen, trockenen Pflänzchen sind nichts für ihre Nagezähnchen.

„Ihnen fehlt das Sonnenlicht", sagt Kurioso.

„Wird hier gar nix grün? Müssen die vielen Kinder keinen Spinat essen? Keinen ekligen Rosenkohl? Keine Gurken?"

Kurioso amüsiert sich: „Nein. Denn Gemüse sucht ihr bei uns vergeblich, Hu-li-us."

„Auch Obst?" Eli zieht die Nase kraus. Keine Bananen? Oder Kiwi. Keine Erdbeeren, Äpfel und Birnen?

Das alles könnte auf diesem dunklen Planeten nicht reif werden, ist die Antwort.

Die Kinder sehen sich betreten an. Keine Tiere, also weder Fleisch, noch Milch oder Eier? Kein Honig? Nicht mal Fischstäbchen?

„Du, Kurioso“, zögert Julius. „Esst ihr überhaupt irgendwas? Also irgendwas Leckeres?“

„Braucht ihr keine Vitamine und so gesunde Sachen?“, ergänzt Eli.

„Unsere Nahrung besteht aus einer dicklichen, wohlschmeckenden Paste. Darin sind alle wichtigen Stoffe enthalten, damit wir gesund bleiben dürfen.“ Kurioso scheint mit dieser `Pampe´ ganz glücklich zu sein. Wie ist sein Bäuchlein davon bloß so rund geworden?

„Ach so.“ Bei Julius fällt der Groschen. „Ihr wollt solche Minis bleiben und nie so groß werden wie wir Menschen?“

„Aus welchem Grund sollten wir groß werden? Wir geben uns zufrieden so, wie wir sind, Hu-li-us“, sagt Kurioso.

„Hm, na ja …“ Darüber müssen Eli und Julius erst nachdenken. Nicht mal Eis kennen die Planetenkinder. Keine Paprika-Chips oder Popcorn. Noch nicht mal Schokolade, fällt ihnen ein. Na, bravo! Das wird bestimmt eher ein langweiliges Fest. „Stinklangweilig“, vermutet Julius.

Als könnte Kurioso ihre Gedanken lesen, sagt er munter: „Trotzdem sind wir sehr gespannt darauf, wie euch unser großes Freudenfest gefallen wird, E-li und Hu-li-us. Kommt nun! Es ist alles längst vorbereitet. Auch für euch Erden-kinder und eure treuen vierbeinigen Freunde.“ .

Plötzlich gibt es einen heftigen Donnerknall und dumpfes Grollen. „Hilfe!“ Die Kaninchen pressen ihre Ohren gegen die Köpfe und zittern vor Schreck.

„Hilfe! Hilfe! Hilf uns, Hulius-Julius!“

Automatisch greift Julius nach seinem Schwert. Ey, das muss noch im Raumschiff sein. Er dreht sich hastig um, will die Treppe wieder hoch rennen, stolpert in der Mitte und kugelt kopfüber die Stufen herunter.

„Aua!“ Mit der Stirn ist er gegen etwas Hartes geknallt. Er kneift die Augen zu ... und reißt sie sofort weit auf. Was sind das für viereckige, dünne Beine neben ihm? Er braucht einen langen Moment, um diese dünnen, viereckigen Beine als Stuhlbeine zu erkennen. He, wo ist er gelandet? Fips! Pips! Eli! Wo seid ihr alle? Kurioso?? Wo bist du?

Warum zuckt plötzlich was Grelles über ihm los? Was soll so ein Krach?

„Juli! Was machst du? Bist aus ´m Bett geplumpst, was?“ Seine Schwester hockt sich zu ihm. „Alles okay mit dir?“

Julius betastet das `Hörnchen´ dicht über seinem linken Auge. „Nee!“, brummt er. „Autsch! Wo ist Kurioso hin?“

Besorgt schaut Eli ihm ins Gesicht. „Was redest du, Juli? Sag das noch mal!“

„Wo ist Kurioso? - Häää? Wieso?“ Julius hat Mühe, richtig wach zu werden.

„Wieso? Wieso?“ Eli starrt ihn an. „Weil … Woher weißt du seinen Namen, he?“

„Eben war er noch da. Aua!“, stöhnt Julius und begreift endlich, wo er ist.

„Sag mal, Juli, ehrlich, hast du von Kurioso geträumt?“, forscht Eli.

„Klar. Von den winzigen Leuten …“

„Auf dem Planeten, ja? Ich glaub ´s nicht.“ Eli schlägt sich vor die Stirn.

„Du auch, ja?“ Julius glaubt es erst recht nicht. Das kann doch nicht sein!

Eli rollt mit den Augen. So mega-enttäuscht ist sie, weil ihr toller Traum einfach zu Ende ist.

„Waren Fips und Pips auch dabei?“, fragt sie.

„Logisch. Das weißt du doch. Sie sind ja vor Angst fast tot umgefallen bei dem Knall.“

Mama schaut zur Tür herein. „Oh, ihr könnt bei diesem elenden Gewitter auch nicht weiterschlafen?“

Sie kann es ebenso wenig glauben, als Julius und Eluisa von ihrem Planeten-Traum erzählen.

„Bin ich froh, dass ihr nicht dort bleiben wollt“, schnauft sie erleichtert. „Wie sollen wir euch besuchen, - sooo weit weg?“

„Nicht mal Nutella und Schokomüsli gibt ´s bei denen“, brummt Julius. „Nee, da mag ich nicht wohnen.“

„Und keine Lieblingspommes, was?“, lästert Eli. „Aber toll war´s trotzdem. Das Raumschiff, die vielen Sterne und Satelliten und die Mini-Planeties.“

„Und Kurioso.“ Lachend streckt Julius sein Bäuchlein vor, beklopft es genauso zufrieden wie ihr genialer Dolmetscher. „Eigentlich gemein“, fällt ihm dann ein. „Ich wollte wissen, wie das supertolle Mega-Planeties-Fest wird. Warum sind wir genau da wach geworden?“

Ja, das findet Eli auch total ärgerlich. Und Mama möchte wissen, wie es auf dem Planeten aussieht. Nein, das haben sie kaum erkennen können, müssen die Kinder zugeben.

„Irgend so Mini-Häuser gibt es“, erinnert sich Julius. „Und ´ne Brücke, glaub ich, war da.“

„Aber keine Autos und andere Fahrzeuge?“, grübelt Eli.

Vielleicht geht ihr Traum in der nächsten Nacht weiter? Schön wär ´s ja. Das sagt sie aber besser nicht laut. Sonst glauben Julius und Mama es womöglich auch?

„Bestimmt kommt Kurioso uns bald besuchen. Er ist voll super!“, schwärmt Julius. „Nee, er ist supermegawahnsinnstoll!“

„Ganz bestimmt. Papa und ich wollen ihn ja unbedingt kennenlernen“, sagt Mama todernst. „Und ganz sicher euer neugieriger Opa. Und Kalli und Tessa.“

„Haha! Mach dich nur lustig, Mama.“ Julius lässt sich auf sein Bett plumpsen. Aua! Er ist mit dem Rücken auf etwas Festem gelandet. Unter der Bettdecke wühlt er es hervor.

„Neee …“ Mehr bringt er nicht heraus.

„Ich … ich werd′ verrückt!“ schreit Eli los, als er ihr die geöffnete Hand hinhält. Darauf schimmert etwas Himmelblaues. Schon ist Eli in ihr Zimmer geflitzt. Mit leuchtenden Augen kommt sie zurück. Zwischen den Händen trägt sie behutsam, wie ein zartes, zerbrechliches Vogelei, ihren frühlingsgrünen magischen Stein.

„Was habt ihr da?“ Vorsichtig tupft Mama zuerst auf das himmelblaue, dann auf das frühlingsgrüne Schimmern.

Forschend sieht sie ihrem aufgeregten Nachwuchs in die Augen. „Das … sind jetzt aber keine … äh, … Planetensteine?“

„Logisch! Magische!“, nickt dieser strahlende Nachwuchs und muss sich mal fix umarmen.

„Mich laust der schlaue Oberaffe! War gar kein Traum, was, Eli?“ Julius glüht wie einer, der eben seinen Millionengewinn im Lotto erfahren hat.

„Heute Nacht will ich von Fips und Pips wissen, ob sie in echt mit uns geflogen sind. Manno, Eli, das ist der Hammer! Da brat mir doch einer den Klapperstorch!“ Wie der Opa sagen würde. Julius benutzt mit Vorliebe die lustigen Opa-Sprüche, wenn auch meistens nicht ganz wortgetreu.

„Jede Wette, sie sind es in echt, lieber Hu-li-us! Sag ihnen meine Grüße. Besonders an den putzigen Hips.“ Eli drückt ihren Bruder fix ein zweites Mal. Danach die ungläubig staunende Mama.

„Mach ich. Logisch. Was denkst du denn?“ Ihr Bruder zieht eine von seinen drolligen Julius-Grimassen.

Außer ihrer Mutter und dem Opa wird höchstens Tessa von diesen magischen Planetensteinen erfahren, nimmt Eli sich vor. Und natürlich der Papa. Vielleicht irgendwann auch der Merlin? Wenn sie bloß diese magische Formel nicht für sich behalten müssten! Ob ihr pfiffiges Brüderchen sie noch auswendig weiß?

11. Kapitel: Kleinster Engel - ganz schön groß!

Die Zeit vergeht. Mit ihr der Herbst. Elis Geburtstag steht vor der Tür. Genau mitten im Oktober. Am 15. Ein Sonntag mit strahlend blauem Himmel. Eine hübsche Schlagsahne-Zwölf hat Mama auf die Torte gezaubert. Eluisa packt ihre Geschenke aus. Wow, ein Stapel Bücher!

„Für unsere Eli-Leseratte“, schmunzelt Papa.

Auch über coole Klamotten und affenstarke Turnschuhe freut sie sich. Und über zwei spannende DVDs.

Nach dem Frühstück verziehen Eli und Julius sich in Elis Zimmer. Im Schneidersitz hocken sie auf dem Bett. Sie halten ihren Planetenstein in beiden Händen.

„Dora e ´t aquora“, murmelt Eli mit geschlossenen Augen.

„Stop!“ Julius ist etwas Wichtiges eingefallen. „Wasser! Der Stein braucht Wasser.“

„Mensch, ja!“ Eli reißt die Augen wieder auf. Sie huschen ins Bad und halten ihre Planetensteine unter den Wasserhahn. Jetzt müsste es funktionieren mit der geheimen magischen Formel. Diesmal darf Julius sie sagen:

„Dora e ´t aqiara“, nuschelt er. - „Nee, nicht aquia! Mit `O´! Aquora muss es heißen“, korrigiert Eli.

Dann konzentriert sich jeder auf seinen Geburtstagswunsch. Den dürfen sie nur denken, nicht laut sagen. Auf keinen Fall. Sonst geht er nicht in Erfüllung, hat Kurioso sie gewarnt.

Julius hat vor Anstrengung rote Flecken am Hals, während er in sich hinein murmelt: „Ich wünsche mir für meine Eli-Schwester … äh …, ja, ich wünsche mir für Eli, sie wird mal eine große Schauspielerin. Nee, nicht wirklich riesengroß. Großartig sagt man, oder?“

Elis eigener Wunsch klingt fast gleich: „Wenn du mich schon nicht richtig groß werden lassen kannst, mein magischer Stein, kannst du mich wenigstens was Großes machen lassen? Was Großartiges, meine ich? Damit nie mehr einer über mich Winzling lacht.“ Eli hält ihren frühlingsgrün glänzenden Planetenstein an die Lippen.

„Danke!“, sagt sie leise und öffnet die Augen. Fragend sieht Julius sie an.

„Gib Fünf, Bruder!“ Mit geheimnisvoller Sieger-Miene klatschen sie die rechte Hand gegeneinander.

Viel zu schnell ist der Oktober vorbei. Noch schneller der November. Die Klasse 6 c hat fleißig geübt. Frau Gruber ist sehr zufrieden. Natürlich geht bei der Generalprobe für die Premiere ihres Adventsspiels manches schief, wie es sich für eine Generalprobe gehört. Eli hat dummes Bauchkneifen. Vor Lampenfieber? Sie träumt eine Menge Unsinn und wacht am großen Tag klatschnass geschwitzt auf. Dafür klappt es abends umso besser mit den Eltern als kritischem Publikum. Am meisten Applaus gibt es für Tessa und Eli als zickige Wirtsfrau und tollpatschigen Engel.

Zwei Tage später sind alle anderen Klassen ihre Zuschauer. Eli bleibt zweimal stecken, mitten im Satz. Das merkt kaum jemand, weil Tessas Mutter als Souffleuse eilig zuflüstert. Ihren Text müssen sie allerdings nicht wörtlich sagen. „Ihr dürft ruhig ein wenig improvisieren“, hat Frau Gruber vorgeschlagen.

„Es muss aber noch zum Sinn passen“, hat Fabian gemeint, und alle haben gelacht und zustimmend genickt. Natürlich ist es einfacher, sich an den genauen Text zu halten, stellen sie schnell fest.

Sie bekommen bei ihrer zweiten Aufführung ebenso reichlich Beifall und Lob von Lehrern und Mitschülern.

Endlich kommt die dritte und wichtigste Vorführung. Am Freitagnachmittag vor dem zweiten Advent treten sie gegen die vier anderen Gruppen an. Auf der kleinen Bühne des großen Schauspielhauses in der Schillerstraße.

Am meisten ist wohl die arme Frau Gruber nervös.

„Wir packen das schon, Frau Gruber“, beruhigt Engel Eli sie mit fröhlichem Grinsen. Muss sie ja nicht merken, wie mega-nervös und zappelig Eli selber ist.

„Und wie wir das packen!“, meint auch Wirt Merlin selbstbewusst. Lampenfieber kennt er anscheinend kein bisschen, beneidet Eli ihn.

An dritter Stelle ist die Klasse 6 c dran. Die Gruppen vor ihnen bekommen viel Applaus und verneigen sich stolz vor dem begeisterten Publikum und der kritischen Jury.

Endlich heißt es „Bühne frei!“ für die Akteure der Hauptschule zwei. Moritz und Alexandra kündigen mit leicht wackligen Stimmen das nächste Spiel an:

„DER KLEINSTE ENGEL. Gespielt von der Klasse 6 c.“

Nach der Herbergssuche geht ganz langsam der dunkelrote Vorhang auf zur zweiten Szene.

Die grellen Scheinwerfer blenden Eli mitten ins Gesicht. Allein hockt sie auf der Bühne neben einem Baum aus Pappe und einem Weidezaun aus zusammengeflochtenen Stöcken. Sie scheint fest zu schlafen. Endlich streckt sie die Hände aus, reckt sich umständlich, gähnt dreimal herzhaft, öffnet das rechte Auge, blinzelt verschlafen ins grelle Scheinwerferlicht. Vorsichtig bewegt sie die Arme mit den weichen Flügeln auf und ab. Sie macht den Mund auf ... und muss sich zweimal kräftig räuspern. Die Stimme will ihr nicht gehorchen. Aus dem Zuschauerraum hört sie das deutliche Kichern. Da legt sie los, so laut sie kann:

„Seht ihr dort den hellen Stern? Er kommt heut´ Nacht vom Himmel fern. Sein goldener Schweif glänzt hinter ihm.

KOMET, so nennt ihr Menschen ihn."

Eli hebt beide Hände über die Augen, schaut in die Ferne. „He, wo bleibt ihr denn, ihr Hirten?" Keine Antwort.

Ungeduldig rappelt sie sich hoch, macht ein paar tapsige Schrittchen, stolpert über den weiten Saum ihres zu langen, weißen Engelkostüms. Schon purzelt sie der Länge nach auf die Bühnenbretter. „Na, bravo! Gloria, Halleluja, Amen!" Vor sich hin schimpfend stemmt sie sich hoch. Langsam und sorgfältig streicht sie den Kleiderstoff glatt und tappt vorsichtig um Baum und Zaun herum.

„Hallooo, ihr Hirten! He, warum hört ihr mich nicht? Hier bin ich!" Das Kichern unten wird lauter.

„Wir sind schon da!", ertönt es hinter der Bühne.

Nacheinander stolpern fünf Hirten herbei, bleiben heftig schnaufend vor Engel Eli stehen.

„Wo brennt´s denn, Kleiner?", keucht Fabian, der Größte.

„Was soll der Stress? Mitten in der Nacht!", beschwert sich Lorenz als zweiter Hirt.

„He, wer bist du überhaupt, du Mini?", ruft Tim, selber der Kleinste der Hirten.

„Mensch, Jakob, der sieht aus … wie … ´n Engel", japst Jonathan, der vierte Hirtenjunge, in seiner dicken Schafwolljacke.

„Ich seh´ nicht nur so aus, Junge!", stellt Eli richtig und zieht ihm eine wenig engelhafte, vergnügte Grimasse. „Bin bloß etwas zu klein geraten, wie ihr seht. Halleluja-Amen!"

„Das kannste laut sagen." Mit spöttischem Grinsen geht Fabian neben Eli in die Hocke. „Nun sag schon, du Kerlchen mit Flügeln, was genau liegt an?"

Laut, extra langsam, mit besonderer Bühnenbetonung auf jeder wichtigen Silbe, wiederholt Engel Eli ihren Kometen-Spruch. Sie reckt sich in die Höhe und zeigt dabei nach oben. Mit zurückgelegten Köpfen, weit offenen Mündern folgen die Hirten ihrem Fingerzeig.

„Ko- met? Nie gehört“, stellt Nummer zwei, der Lorenz, fest.

„Deppert bist nur einmal, Hansi.“ Tim als Hirt drei guckt ihn herablassend an. „Weiß ja jedes Baby. Ist ′n heller Stern mit ′nem leuchtenden Schwanz hintendran.“

„Was will der da oben?“, wundert sich Jonathan, der vierte Hirte, und deutet mit dem Hirtenstab hinauf zum Bühnenhimmel.

„Keine blasse Ahnung, Jockel“, antworten die vier gemeinsam. „Weißt das vielleicht du, hübsches kleines Engelkind?“

„Was denkt ihr, wozu ich euch rufe wie blöd, ihr lustigen Schlaumeier?“, lacht Eli sie an. „Hockt euch einfach hin und klappt gefälligst eure hübschen Segelohren auf Empfang! Amen! Gloria und Halleluja!“

Im Halbkreis kauern die Hirten mit neugierigen Gesichtern um den frechen, reichlich klein geratenen Engel. Fabian und Lorenz leuchten Eli mit ihren Laternen ins Gesicht. Elis hellste Engel-Stimmlage erklärt ihnen, wen sie dort drüben im alten Pferdestall finden werden. Beim fetten Ochsen und beim braven Eselein. Halleluja!

„Echt? So ′n richtiger, lebendiger König soll das sein?“

Jonathan schnauft empört. „Du Mini-Engel! Willst uns ′nen dicken Bären aufbinden, wetten?“

„Hat der auch so was Helles überm Kopf? So was wie du?“, fragt Lorenz.

„Das ist ´n Heiligenschein, Jakob." Hirt drei boxt ihn in die Seite. „Ein König hat ´ne Krone. Ist doch logisch."

„Das denkst du aber auch nur! Dieser König ist zuerst ein winziges, neugeborenes Baby. Ein mächtiger König des Himmels und der Erde wird er irgendwann mal später.

Gloria! Amen und Halleluja!"

Eli zeigt mit erhobenen Händen, wie groß dieses Jesuskind drüben im Stall sein könnte.

„Waaas? So ´n Mini-König? Du spinnst ja! Gib ´s zu!" Drohend leuchtet Fabian dem Engel in die großen grauen Augen. „Schwöre, du flunkerst uns nix vor, du Winzling!"

„Engel schwören nie. Auch ganz kleine nicht. Halleluja! Das solltest du längst wissen, Langer", weist Eli ihn zornig zurecht. „Ihr wollt mir nichts glauben? Okay, da geht halt selber gucken."

„Wie? Einfach so? Ohne Geschenke? Zum echten Königsbaby? Wo hat das überhaupt sein prächtiges Königsschloss, he?" Tim, als dritter Hirte Steffen, zeigt Eli ein deutliches Piepvögelchen. Die verdreht tierisch genervt die Augen und reckt verzweifelt die gefalteten Hände zum Himmel.

„Ja, Himmeldonnerwetter! Ihr seid alle miteinander so was von clever, ihr Hirten!" Erschrocken presst sie die rechte Hand vor den Mund. „Upps! Halleluja! Engel dürfen auch nicht fluchen. Wie peinlich", gibt sie verlegen zu.

Nummer vier prustet los und steckt die anderen Hirten an. Sie halten sich die Bäuche vor Lachen, bis Engel Eli protestiert: „Nee, wirklich, so findet ihr das Jesusbaby niemals, ihr albernen Hirten. Hört doch bloß, wie herrlich unsere lieben Engel schon singen. Ganz laut. Von unserem neuen Heiland. Dreimal Amen und Halleluja!"

Das Lied *`Ein heller Stern hat in der Nacht die Botschaft in die Welt gebracht´* wird hinter der Bühne angestimmt. Erst leise, dann deutlicher. Die drei großen Engel Victoria, Vanessa und Laura in langen weißen Kleidern treten auf.

„Ehre sei Gott in der Höhe!“, jubelt Engel Vicky.

„Und Friede auf Erden!“, zwitschert Engel Vanessa.

„Und den Menschen … ein Wohlgefallen!“ Der Engel Laura verschluckt sich und muss husten.

„Halleluja, dreimal Gloria … und Amen!“ Engel Eli breitet zum Gruß die Arme weit aus und fängt auch an zu husten. Engel Laura grinst verlegen, - dankbar für dieses improvisierte Ablenkungsmanöver.

Vicky und Vanessa sehen Engel Eli vorwurfsvoll an: „Wozu vertrödelt ihr kostbare Zeit, kleinster Engel? Warum führst du dieses ungläubige Hirtenvolk nicht selber direkt zum Stall? Maria und Josef erwarten euch dringend, voller Ungeduld. Nehmt eure warmen Schaffelle mit euch und bringt sie unserem neuen Heiland zur Futterkrippe. Soll er sich vielleicht erkälten in dieser kühlen Nacht?“

Erschrocken sind die fünf Hirten nacheinander auf die Knie gesunken und schauen ängstlich zu den Engeln auf.

„Na, wird ´s bald?“ Eli stupst den knienden Fabian unsanft an. Bumms, ist er zur Seite gekippt und flucht nicht sehr fein. „Stell dich nicht so an, Hirt Jakob!“ Eli zieht ihm eine Schnute, verdreht die Augen. „Folgt mir lieber unauffällig, und vergesst nicht eure Laternen. Dalli! Dalli! Flott! Flott! Gloria und Halleluja!“

Die zweite Liedstrophe wird gesungen: „Die Hirten haben auf dem Feld die Botschaft uns zuerst vermeldt …“

Eilig poltern die Fünf hinter dem kleinsten Engel her. Plumps! Eli hat wieder auf ihrem Kleidersaum gestanden, - diesmal aus Versehen. Hirt Jonathan stolpert über sie …

Lautes Gelächter, fröhlicher Applaus aus den Zuschauerreihen und von den anderen Hirten. Mit hochroten Köpfen rappeln Engel und Hirte sich auf. Kichernd verschwinden sie hinter der Bühne. Langsam, unter lautem Beifall und Bravo-Rufen, geht der Vorhang zu.

Als er sich wieder öffnet, beten die Hirten das Jesuskind in der Krippe an. Engel Eli bringt mit ihren munteren, saloppen Sprüchen alle zum Lachen. Die drei wunderschönen Engel können sich ein Kichern kaum verkneifen.

Ochse Paul und Esel Linda lassen ihr fröhlichstes `Muuuuh!´ und `Iaaah!´ hören. Beim gemeinsam gesummten Schlaflied `La Le Lu´ und beim himmlischen Reigen der drei Engel stimmen zuerst Engel Eli und dann sogar die Hirten zögernd und etwas unbeholfen mit ein.

Ganz überraschend wird aus der leisen Hintergrundmusik dröhnender Rock-Pop. Die farbigen Boten der drei Könige erscheinen, um deren Kommen anzukündigen. Sie wollen auch mittanzen zu den fetzigen Klängen.

Das Publikum klatscht im stampfenden Rhythmus.

Bravo-Rufe! Pfeifkonzert! Standing Ovations!

Julius, der mit den Eltern und dem Opa stolz in der ersten Reihe sitzt, zappelt vor Freude. In der linken Hand hält er seinen himmelblauen Planetenstein. In der rechten den frühlingsgrünen für Eli, um sie richtig stark zu machen als kleinsten Engel.

Ihm ist es noch rechtzeitig eingefallen: Die Wunder-Steine brauchen Wasser, wenn die magische Formel wirken soll. Zählt Apfelschorle auch als Wasser? Er angelt die Flasche unter seinem Sitz hervor, nimmt einen Schluck in den Mund und hält den Stein an die Lippen. Ein wenig Apfelschorle-Spucke dran. So, Stein, das muss reichen!

Julius kneift die Augen zu und murmelt: „Dora e ´t aquara!“ - Aua, Mist! Noch mal richtig: „Dora e ´t aquora!“

Es hat jedenfalls prima gewirkt. „Halleluja! Danke, guter Kurioso! Und Amen!“, murmelt Julius. Das Engel-Theater hätte ihr cooler Dolmetscher miterleben müssen!

Nachdem alle fünf Schülergruppen ihr Spiel mit großem Erfolg vorgestellt haben, zieht sich die Jury zur Beratung zurück. Kurze Pause. Dann tritt der Theaterdirektor mit den fünf Spielleitern und jeweils zwei Schauspielern von den einzelnen Gruppen auf die Bühne.

„Der macht es reichlich spannend“, knurrt Eli. Zwischen den Mitschülern hockt sie vor der Bühne. Mit geballten Fäusten. Bis zum Platzen aufgeregt.

„Geduld, Englein“, flüstert Tessa. „Auf Platz drei sind wir jedenfalls nicht. Jede Wette?“

„Auf Platz eins. Jede Wette!“ Merlin zwinkert Eli zu.

„Engel wetten schon gar nicht, Merlin. Halleluja!“ Eli knirscht vor Anspannung mit den Backenzähnen. „Los, du da oben“, drängt sie. „Mach endlich hin!“

Auf Platz zwei ist die Gruppe der anderen Hauptschule, - sozusagen von der Konkurrenz. Geschmeichelt verbeugen sich ihre beiden Vertreter auf der Bühne beim Applaus. „Bravo! Toll! Spitze!“, schreien ihre Anhänger.

„Doch nun auf zu unseren Siegern!“ Der Direktor lächelt geheimnisvoll zu den Schauspielern hinunter.

„Es war nicht einfach für unsere Jury, wie ihr euch denken könnt, meine lieben Schüler und Sie, verehrte Zuschauer. Ihr habt alle eure Sache ganz hervorragend gemacht. Ja, und das verdient einen lauten Extra-Applaus.“

Eli ist viel zu durcheinander zum Mitklatschen. „Mann, mach doch weiter!“, murmelt sie gereizt.

„Am allerbesten jedoch hat unserer Jury gefallen … das Spiel vom … kleinsten Engel.“

„Hurra! Hurra, Eli!“ Julius kreischt mit seiner lautesten Schreistimme. Allgemeines fröhliches Lachen und dann donnernder Beifall.

Wie benommen steht Eli auf und schaut sich um. Tessa stürzt sich auf sie und quetscht sie fast zu Eli-Mus. Merlin klopft dem kleinsten Engel vorsichtig zwischen die Flügel. „Super, Englein!“, raunt er ihr zu.

„Nee, wir waren alle zusammen toll“, sagt Eli energisch und muss vor Freude losheulen.

12. Kapitel: Kleine Leute übersieht man??

Als Hauptpreis bekommt die Klasse 6 c eine Fahrt zum Musical geschenkt: `Das Wunder von Bern´.

Freikarten für alle Schüler und Lehrer, die bei ihnen unterrichten. Eli glüht vor Stolz. Frau Gruber meint lächelnd, diese Freikarten hätten sie in erster Linie ihrem kleinsten Engel zu verdanken. Die Klasse nickt zustimmend und trommelt auf die Tische. Sogar Collin und die Zicken .

„Na, siehste, geht doch“, kann Tessa sich nicht verkneifen.

„Warum nicht gleich so?“ Merlin legt seinen Arm um Elis Schultern. Wie gut ihr das tut! Ihr fußballverrückter Bruder muss da unbedingt mitfahren, schießt es Eli durch den Kopf.

Dann kommt die nächste Überraschung: Ein Kamerateam vom Regionalfernsehen hat bei allen Aufführungen mitgedreht. Sobald der Sendetermin feststeht, wird die Siegergruppe zum Interview ins Studio eingeladen.

„Ist das sooo genial, Leute!“, platzt Tessa raus „Wir werden berühmt.“

Natürlich erscheinen in der Tageszeitung und im Wochenblättchen lobende Berichte über diese großartigen Aufführungen der fünf Schülergruppen. Mit mehreren gelungenen Szenenfotos.

Der lustige Mini-Engel ist Mittelpunkt. Eli, Julius und der Opa können sich daran nicht sattsehen.

Eine Woche später sitzen sie alle einträchtig vor dem Fernseher. Mama, Papa, Opa, Tessa, Merlin und Kalli sind fast genauso gespannt auf `ihre´ Sendung wie Eli und Julius.

Die magischen Planetensteine haben ihre Wünsche bereits erfüllt. Dieser Film soll es ihnen beweisen. Julius platzt beinahe vor Bruderstolz auf seine tolle Schwester.

Ob die Zuschauer auch so laut klatschen werden, wenn die Klasse 1 a ihr Weihnachtsspiel aufführt? Mama hat eifrig bei den Vorbereitungen geholfen. Gute Nerven haben sie und der Lehrer gebraucht, um die wirbelige kleine Schar zu bändigen. Eli hat ihrem Bruder geholfen beim Lernen seiner Sätzchen. Vorm Spiegel haben sie geübt und hatten dabei viel zu gackern über die frechen Julius-Grimassen. Jetzt kann er seinen Text im Schlaf. Am letzten Tag vor den Weihnachtsferien ist es soweit. Diesmal hält Eli auch den himmelblauen Stein fest in beiden Händen. Dreimal kurz drauf gespuckt, denn sogar Spucke zählt als Wasser. Das hat Julius ihr verraten.

Augen zu. „Dora e ´t aquora!“, flüstert sie. Ganz, ganz leise. Opa neben ihr darf es ja leider nicht hören. Schade! Wie gerne würde Eli ihm ihr großes Geheimnis verraten! Gezeigt haben sie ihm ihre Planetensteine natürlich gleich. Jetzt ist er ebenso aufgeregt wie Eli vor diesem ersten Auftritt von Julius.

Die Kinder stehen vor einem Fichtenbäumchen. Das ist eigentlich noch gar kein Christbaum, denn seine grünen Zweige strecken sich völlig kahl aus.

„Liebe Zuschauer! Wir wollen für euch unseren bunten Christbaum schmücken“, kündigen Elisa und Max an.

Jedes Kind hält etwas Buntes in der Hand. Nach einem passenden Sprüchlein darf jeder sein Geschenk für das Christkind an einen grünen Zweig hängen. Die Mama hilft dabei. Vorsagen darf sie auch ein paarmal beim Text.

Julius, der leichteste, wendigste und geschickteste der zwanzig Erstklässler, soll auf die Trittleiter steigen. Bis obenhin mit bunten Sternen geschmückt steht sie neben dem Baum.

Annalena sagt ihr Sprüchlein auf, etwas ängstlich, aber ohne zu stocken: „Ich hänge an den Christbaum dran ein schönes Herz aus Marzipan. Unser Herz wird groß und weit in dieser frommen Weihnachtszeit." Danach hängt sie erleichtert ihr rosa bemaltes Pappmarzipanherz auf.

Julius ist als letzter dran. Das Warten ist ihm mächtig schwer gefallen. Ungeduldig hat er immer wieder zu Eli und Opa geschielt. Beruhigend geben sie ihm Handzeichen. Er grinst verlegen. Endlich darf er die Leiter hochklettern. Flink wie ein Äffchen steht er auf der obersten Sprosse. Hoch über allen Geschenken am fertig geschmückten Christbaum wird sein großer, goldener Stern strahlen.

Vergoldete Kiefernzapfen leuchten unter ihm um die Wette mit einem roten Holzpferdchen, einem grauen Plüsch-Eselchen, der quietschbunten Kette aus Glanzfolienstreifen, einem Püppchen mit weizenblonden Locken, dem Nikolaus sowie dem Glöckchen, der Kugel und der Engeltrompete aus feinstem Silber. Auch ein rotbäckiger Apfel, ein Plastikschlitten, ein Schäfchen aus echter Schafwolle, ein silbernes Netz mit Walnüssen und eine Christrosenblüte aus Seide hängen zwischen den duftenden Fichtenzweigen. Dicht unter der Christbaumspitze schwebt die Weihnachtsnachtigall mit ihren bunten Federn.

Julius balanciert auf der Leiter und müht sich redlich ab, sein glänzendes Kunstwerk an der Spitze zu befestigen. Heute will das beim ersten Mal nicht klappen. Ihm fällt ein, er muss ja zuerst seinen Text aufsagen. Hell und klar klingt seine typisch-laute Julius-Stimme herunter:

„Hier weit oben strahlt mein Stern und zeigt uns den Weg zum Herrn. Er soll hell leuchten in der Nacht, … die das Jesuskind uns gebracht hat.“

Upps! Ist das verkehrt? Müsste es nicht heißen: „…die uns den Heil´gen Christ gebracht. Halleluja!“, erinnert er sich und setzt es fix hintendran. Eli verbeißt sich mühsam das Lachen. Ihr Schlitzohr-Brüderchen hat seine eigene Zeile gedichtet. Recht hat er. Klar! So gefällt es ihr besser für einen Erstklässler. Unsicher peilt er zu ihr herunter. Sie zeigt ihm den Daumen. „Super, du mein kleiner Dichter!“

So, jetzt muss der Stern aber drangemacht werden! Mama hält die Leiter eisern fest, während Julius einen zweiten Versuch startet. „So ´n blöder Kackmist! Halt doch mal fest, du Stern!“, tönt es von oben, lässt die anderen Kinder verdutzt schauen oder verstohlen kichern. Vergnügtes Schmunzeln bei Zuschauern und Lehrer.

Nach dem dritten Anlauf sitzt der Goldfolienstern genau dort, wo Julius ihn hin haben soll und will. Tief atmet er auf. „Na also! Warum nicht gleich so, du lieber Stern! Halleluja! Amen!“ Würde nicht genauso der Opa jetzt rufen?

Husch-husch, ist Julius von der Leiter herunter. Mama muss ihn gar nicht auffangen. Er verbeugt sich strahlend, so perfekt, wie er das neulich im Theater gesehen hat bei der perfekten Aufführung seiner Engel Eli-Schwester.

Klar, das lauteste Klatschen kommt von Opa und Eluisa. Die Eltern stimmen lachend ein. „Gut gemacht, Julius. Bravo! Bravo!“, hört er stolz und verbeugt sich ein zweites Mal. Mit ketchup-rotem Kopf, zerzausten Haaren und hellglänzenden Schauspieleraugen.

Nun befestigen zwei Mütter weiße, gelbe und rote Kerzen an den dicksten Zweigen. Die Kinder sprechen im Chor: „Wir zünden unsere Kerzen an. Sie wollen leuchten hell.

Ach, bitte, liebe Heilige Nacht, komm für uns Kinder schnell!“

Bei der kurzen Rede am Schluss der gemütlichen Adventsfeier mit Mengen an frischgebackenen Plätzchen, heißem Kakao und Kinderpunsch lobt der Lehrer seine erfolgreiche kleine Spielgruppe und ihren erfreulichen Eifer beim Üben. Den allerkleinsten Spieler erwähnt er extra und dankt ihm für seine Kletterkünste. An Mama, die sich zusammen mit dem Lehrer die Texte überlegt hat, überreicht die Elternvertreterin als Dankeschön ein riesiges Lebkuchenherz und eine Flasche Rotwein. Sein zweites lautes „Bravo! Bravo!“, kann der Opa sich nicht verkneifen.

Mit guten Wünschen für ein frohes Weihnachtsfest und wunderschöne Ferien, vielleicht beim ersten Schnee, verabschieden sich alle mit roten Gesichtern, - durch die Wärme der Kerzen, die große Aufregung, die köstlichen Plätzchen.

Kurz vorm Einschlafen drückt Julius seinen himmelblauen Planetenstein besonders fest. „Danke, du! Hab dich sooo lieb!“, schafft er eben noch. Dann fallen ihm die Augen zu.

Auf der dunklen Waldlichtung erwarten ihn seine Langohrfreunde schon voller Ungeduld. Täuscht er sich oder sind sie deutlich gewachsen in den letzten Tagen?

„Hallo, Julius-Hulius. Warum hast du deine Rüstung nicht an?“ Oh, das ist Julius gar nicht aufgefallen.

„Bist du kein Ritter mehr?“, fragt Fips.

„Na ja, eigentlich …“ Julius weiß nicht recht, wie er es seinen Freunden beibringen soll. „Eigentlich hab ich jetzt nicht mehr so viel Zeit für euch. In der Schule gibt es jeden Tag Hausaufgaben, versteht ihr?“

Nein, das können Fips und Pips nicht verstehen. Aber wie wenig Zeit ihr tapferer Ritter Julius als gestresstes Schulkind für sie haben wird, kapiert sogar Pips.

„Seid ihr traurig, falls ich nur noch manchmal kommen kann?“ Julius schluckt. Nein! Er darf doch nicht heulen!

„Nee, Julius! Das geht nicht!“, befiehlt er sich streng. Was sollen seine Freunde von ihm denken?

„Bist du traurig, Pips?“, fragt Fips.

„Warum? Hulius muss doch ein großer, schlauer Junge werden.“ Das ist für Pips selbstverständlich.

„Fips und Pips sind gar nicht traurig.“ Fips mümmelt an seinem Grünfutter. „Wir sind glücklich für Julius-Hulius.“ Dem fällt ein felsendicker Stein vom Herzen.

„Ich würde euch so gerne meinen himmelblauen Planetenstein hier lassen. Zum Beschützen, damit ihr keine Angsthäschen mehr sein müsst“, sagt er leise.

„Nein, du lieber Julius-Hulius. Der Stein vom Kurioso soll dich beschützen und deine Eli-Schwester. Das sagt Kurioso. Nicht uns Häschen. Wir haben bald keine Angst mehr. Fest versprochen, Hulius!“ Fips bewegt das Näschen auf und ab. Die großen Nagezähne scheinen Julius anzulächeln.

Pips nickt dazu mit den langen Ohren und trommelt mit den Hinterläufen seine Zustimmung.

„Danke, Hips und Pips! Ihr seid ganz, ganz tolle Freunde.“ Liebevoll drückt Julius die weichen Pfoten zum Abschied. „Bald bin ich wieder bei euch. Auch fest versprochen!“, flüstert er und kämpft nun doch mit winzigen Tränen.

Eluisa kann nicht einschlafen. Durchs Fenster sieht sie ihn funkelnd glänzen. Den Abendstern? Zwinkert er ihr zu? Vergnügt? So ähnlich wie Kurioso?

„Macht ihr uns auch weiter stark? Immer? Jeden Tag?“ Sie hält ihren frühlingsgrünen Planetenstein zwischen beiden Händen an die feuchten Lippen.

„Dora e´t aquora“, murmelt sie, als ihr schließlich doch die Augen zufallen.

Wie ich auf diese Geschichte gekommen bin:

Eigentlich wollte ich mir in diesem Jahr keine neue Geschichte mehr ausdenken. Auf gar keinen Fall!
Uneigentlich gibt es jedoch zwei `Menschlein´, denen ich einfach nicht wiederstehen konnte.

Das erste ist vor kurzem drei Jahre alt geworden.
Mein Enkel Julian. Ein quicklebendiges und ständig neugieriges Bürschlein!
Sechs Wochen zu früh musste es auf diese spannende Welt kommen! Ein winziges Baby war Julian, …
und bis heute ist er arg klein geblieben.

Das zweite Menschenkind traf ich, rein zufällig, beim Ferien-Vorlesenachmittag in unserer Bücherei.
Ich schätzte Eloise auf höchstens 4. Klasse Volksschule.
Durch ihre gewitzten Antworten war mir schnell klar,
ich hatte mich verschätzt. Kürzlich feierte Eloise nämlich schon ihren zwölften Geburtstag.
Ich merkte bald: Ihr tat es sehr gut, mir aus ihrem Schulalltag zu erzählen.
Es ist halt in unserer `Welt der Riesen´ leider nicht einfach, überall nur `das Kleinste´ zu sein.
Und schon waren wir mitten drin in einer neuen,
wieder reichlich fantasievollen Geschichte.
Eloise sprühte vor Begeisterung und kreativen Einfällen.
Also musste ich mir ja wohl ihre tollen Ideen zu Hause gleich aufschreiben, oder?

Wir haben uns noch oft in der Bücherei getroffen und dabei eifrig diskutiert. Eloise gefiel mein Eli-Text allmählich immer besser. Und mir gefällt er inzwischen ebenso gut.

Ob vielleicht ihr, liebe Leser, mit uns einer Meinung seid?
Besonders Eli würde sich mächtig darüber freuen.
(Und Julian als Schulkind irgendwann bestimmt auch!)

Viel Lese-Spaß in unserer `Welt der Kleinen´
wünschen wir euch jungen und erst recht den älteren, kritischen Lesern!

Herzlichst, eure Eloise und Gundi

Gunhild Thalheim

Seit ich im Januar 2015 zufällig im Internet den Rediroma-Verlag entdeckt habe, ist dieses mein zehntes Buch dort. Ein erstes Jubiläum sozusagen!
Obwohl ich den Daniel Bieter als Verleger bisher nur per Mail kennenlernen durfte, ist es einfach toll, mit ihm und seinem Team so perfekt zusammenzuarbeiten.
Trotz der weiten Entfernung von Waidring in Tirol nach Remscheid!

Gerne wäre ich noch deutlich jünger als siebzig plus.
Für viele weitere gemeinsame Bücher, - mit den erstaunlichen Tiroler Kids.
Vor allem mit meiner treuen, eifrigen kleinen Freundin Eloise.
Wunderbare Ideen gibt es mehr als genug.
Hoffentlich auch jede Menge interessierte kleine und große Leseratten?

die Ufo-
Piraten

Die 15 Kinder der Klasse 3b und ihre Lehrerin Lisa Breitfuß dürfen bereits zum zweiten Mal ihre toll gelungenen Bilder in einem Buch von Gundi Thalheim bewundert.

Die 13 Kinder der Klasse 3a und ihre Lehrerin Julia Hechenberger sind besonders stolz auf ihre wunderschönen Zeichnungen in diesem Buch.

Die 28 fantastisch-kreativen Raumschiffe, Ritter und Hasen haben diese kleinen Zeichenkünstler der Volksschule Waidring in Tirol erfunden:

Aus **Klasse 3 a mit ihrer Lehrerin Julia Hechenberger**

Aus **Klasse 3 b mit ihrer Lehrerin Lisa Breitfuß**